一天一篇

小古文

卷一

春生

主　　编：夫子

副 主 编：张朝伟

本册编写：张朝伟

编　　委：范丽　纪理　刘佳　毛恋　唐婷　唐玉芝
　　　　　邱鼎淞　王惠　吴翮　向丽琴　徐湘辉　晏成立
　　　　　阳倩　曾婷婷　张朝伟　周方艳　周晓娟

山东教育出版社

·济南·

图书在版编目（CIP）数据

一天一篇小古文. 卷一，春生 / 夫子主编 . — 济南：
山东教育出版社，2020.5（2025.7重印）
ISBN 978-7-5701-0950-0

Ⅰ. ①一… Ⅱ. ①夫… Ⅲ. ①文言文—中小学—教学
参考资料 Ⅳ. ① G634．303

中国版本图书馆 CIP 数据核字（2020）第 008386 号

YI TIAN YI PIAN XIAO GUWEN JUAN YI CHUN SHENG
一天一篇小古文 卷一 春生　　夫子 主编

主管单位：山东出版传媒股份有限公司
出版发行：山东教育出版社
　　　　　地址：济南市市中区二环南路 2066 号 4 区 1 号
　　　　　邮编：250003　电话：（0531）82092660
　　　　　网址：www.sjs.com.cn
印　　刷：济南华易文化传媒有限公司
版　　次：2020 年 5 月第 1 版
印　　次：2025 年 7 月第 14 次印刷
开　　本：720 mm × 1020 mm　1/16
印　　张：10
印　　数：83001—88000
字　　数：180 千
定　　价：36.00 元

目　录

春生

一天一篇小古文

人一能之
rén yì néng zhī

人一能之，己百之；人十能之，己千之。果能此道矣，虽愚①必明②，虽柔必强。

——《中庸》③

注释

❶**愚**：愚笨。❷**明**：聪明。❸**《中庸》**：中国古代论述人生修养境界的一部道德哲学专著，是儒家经典之一，相传为战国时期著名思想家子思所作，与《大学》《论语》《孟子》合称为"四书"。

译文

别人用一分努力就能做到的，我用一百分的努力去做；别人用十分努力就能做到的，我用一千分的努力去做。果真能够做到这样，即使愚笨也一定会聪明起来，即使柔弱也一定会刚强起来。

诵读

人/一能之，己/百之；人/十能之，己/千之。果能/此道矣，虽愚/必明，虽柔/必强。

文段可分为三部分，其中前两部分句式相同，诵读时注意停顿长短一致。最后一部分中的"必明""必强"应该加重语气，表现只要足够勤奋、努力，就能取得成效的决心。

拾趣

　　据说，明代哲学家王守仁（即王阳明）小时候并不聪明，到五岁仍不会说话。他的父亲为他四处寻医，虽然有所改善，但他的智力显得很一般。有人说："他这么迟才开始学说话，肯定很笨，能有什么出息？"王守仁听了，向父亲哭诉："别人都说我笨，我真的很笨吗？""不，孩子，你不笨。不用在乎别人的嘲笑，只要你发奋努力，将来会有一番大作为的。"父亲的鼓励让王守仁有了信心。平时读书，别人读一遍，他就读两遍、三遍甚至十遍。白天他认真听先生的课，放学后，他还跑进父亲的书房勤奋读书，直到家人催促他吃饭、睡觉。天天如此，从不间断。父亲见小守仁如此争气，心里很是高兴，他耐心地给小守仁讲课，有时还请一些大学者给他辅导。家里来了客人，讨论天下大事时，父亲也让他站在一边，向别人学习。后来，王守仁凭借笨鸟先飞、刻苦勤奋的精神成了明代著名的哲学家和教育家。

见人善^①，即思齐

jiàn rén shàn　jí sī qí　zòng　qù　yuǎn　yǐ jiàn
见人善，即思齐；纵^②去^③远，以渐
jī　jiàn rén è　jí nèi xǐng　yǒu zé gǎi　wú
跻^④。见人恶^⑤，即内省^⑥；有则改，无
jiā jǐng
加警^⑦。

——李毓秀^⑧

注释

❶善：指好的方面，好的品质。❷纵：即使。❸去：距离，相差。
❹跻：登，升。这里指升入同一行列，成为同一类人。❺恶：指罪过，
坏行为。❻省：检查自己的思想、言行。❼警：注意，警惕。❽李毓秀：
清朝康熙年间的秀才，作有三言韵文《弟子规》，原名《训蒙文》。
全书浅显易懂，押韵顺口，列述了学童们孝敬父母、关爱兄弟、尊敬
长辈、修身养性、读书求学等基本的礼仪与规范。

译文

　　看见别人的优点，要立刻向他看齐；即使自己的能力和别人相差
很远，也要努力去学习，逐渐赶上。看见别人的缺点或不良行为，要
反省自己是不是也有同样的问题；如果有，要改正；如果没有，也要
加以警惕。

诵读

　　见/人善，即/思齐；纵/去远，以/渐跻。见/人恶，即/内省；有/则
改，无/加警。

链接

选文是根据孔子的话改编而来的。孔子的原话是："见贤思齐焉，见不贤而内自省也。"类似含义的名言还有一句，也是孔子说的："三人行，必有我师焉，择其善者而从之，其不善者而改之。"孔子提醒人们要时刻反省，发现自己的缺点和不足，加以改正，提高自己的修养和品德。

《论语》^①（节选一）

lún yǔ　　jié xuǎn yī

mǐn　　ér hào　　xué　　bù chǐ　　xià wèn
敏^② 而 好^③ 学，不 耻^④ 下 问^⑤。

zhī　　zhī wéi zhī zhī　　bù zhī wéi bù zhī　　shì zhì　　yě
知^⑥ 之 为 知 之，不 知 为 不 知，是 知^⑦ 也。

mò ér zhì　　zhī　　xué ér bú yàn　　huì　　rén bú juàn
默 而 识^⑧ 之，学 而 不 厌^⑨，诲^⑩ 人 不 倦。

——《论语》

注释

❶《论语》：儒家学派的经典著作之一，由孔子的弟子及再传弟子编写而成。它以语录体和对话文体为主，主要记录孔子及其弟子的言行，集中体现了孔子的政治主张、伦理思想、道德观念及教育原则等。❷ 敏：勤勉。❸ 好：喜好。❹ 耻：以……为耻。❺ 下问：向比自己地位低或不如自己的人请教。❻ 知：知道。❼ 知：通"智"，智慧。❽ 识：记住。❾ 厌：满足。❿ 诲：教诲。

译文

　　勤勉而又喜好学习，不以向比自己地位低或不如自己的人请教为耻。

　　知道就是知道，不知道就是不知道，这才是智慧。

　　默默地记住所学的知识，学习而不觉得满足，教导他人而不知疲倦。

诵读

　　敏/而好学，不耻/下问。

　　知之/为/知之，不知/为/不知，是/知也。

　　默/而识之，学/而不厌，诲人/不倦。

拾趣

　　孔子认为，每个人不是生下来就有学问，要虚心向他人请教。一次，孔子去太庙（太庙指的是国君的祖庙）参加鲁国国君祭祖的典礼。他一进太庙，就向别人询问，差不多每件事都问到了。有人在背后嘲笑他，说他不懂礼仪，什么都要问。孔子听到这些议论后，说："对于不懂的事，就要问明白，这正是我要求知礼的表现啊！"

《论语》（节选二）

子①曰："学而时习②之，不亦说③乎？有朋自远方来，不亦乐乎？人不知而不愠④，不亦君子乎？"

曾子⑤曰："吾日三省⑥吾身，为人谋而不忠乎？与朋友交而不信乎？传⑦不习乎？"

——《论语》

注释

❶子：我国古代对于有地位、有学问的男子的尊称，有时也泛指男子。此处指孔子。❷习：温习，练习。❸说：通"悦"，愉快、高兴的意思。❹愠：怨恨，生气。❺曾子：姓曾，名参，字子舆，是孔子的学生。❻三省：每天多次反省。三，泛指多。省，检查、反省。❼传：传授，这里指老师传授的知识。

译文

孔子说："学了能按时温习，不是很愉悦吗？有志同道合的人从远方来，不是很快乐吗？别人不了解我，我也不怨恨，不也是君子吗？"

曾子说："我每天多次反省自己，为别人办事是不是尽心竭力了？同朋友交往是不是做到诚实守信了？老师传授给我的知识是不是复习了？"

拾趣

从前，孔子跟师襄子学琴。师襄子教了他一首曲子后，他每日弹奏。过了十天，师襄子认为孔子弹得不错，可以学新曲子了。而孔子认为自己还没掌握弹奏技巧。过了一段时间，师襄子认为孔子可以学新曲子了。孔子却说："我还没有品味出这首曲子的神韵。"又过了一段时间，师襄子说："你已领会了这首曲子的神韵，可以学新曲子了。"孔子又说："我还没体会出作者是怎样的人。"再过了一段时间，孔子请师襄子来听琴，说："我了解作者了。这个人身材魁梧，胸怀大志，要统一四方，一定是周文王。"师襄子听后，既惊讶又敬佩，说："这首曲子就叫作《文王操》啊！"

大学① 之道②

大学之道，在明明德③，在亲民④，在止于至善。知止⑤而后有定，定而后能静，静而后能安，安而后能虑，虑而后能得⑥。

——《大学》⑦

注释

❶ **大学**：大人之学（相对于古人所说"小学"而言）。❷ **道**：本义是道路，引申为规律、原则等。此处指一定的政治观或思想体系。❸ **明明德**：前一个"明"是动词，是发扬、弘扬的意思。后一个"明"是形容词，"明德"也就是光明正大的品德。❹ **亲民**："亲"同"新"，指的是使人弃旧图新。❺ **知止**：知道目标所在。❻ **得**：收获。❼ **《大学》**：秦汉时期论述儒家修身治国平天下思想的散文，也是中国古代讨论教育理论的重要著作。

译文

大学的宗旨，在于弘扬光明正大的品德，在于使民众弃旧图新，在于达到最完善的境界而不动摇。知道目标所在才能够志向坚定，志向坚定才能够心意宁静，心意宁静才能够随遇而安，随遇而安才能够思虑周详，思虑周详才能够有所收获。

访古

古代的启蒙读物

　　我国古代儿童的启蒙读物也叫"蒙学"，最著名的是《三字经》《百家姓》《千字文》。一般私塾"开蒙"（指儿童入书塾接受启蒙教育）先学这三种。另外再学《幼学琼林》《朱子家训》《千家诗》《古文观止》《唐诗三百首》《声律启蒙》《增广贤文》《弟子规》等读物。这些都算是儿童启蒙读物。

了解文言文

文言文，我们通常称为古文。文言文是中国古代的一种书面语言，是相对于白话文来说的。

"文言文"三个字中，第一个"文"字，是修饰的意思。"言"字，是写、表述、记载等的意思。"文言"两字，就是修饰过的语言，即书面语言，是相对于"口头语言"来说的。最后一个"文"字，是作品、文章等的意思。

在遥远的春秋、战国时期，纸还没有被发明出来，记载文字用的是竹简、丝绸等物品，而丝绸价格昂贵，竹简又很笨重，记录的字数有限，为了节省物料，人们尽可能在能看懂的基础上精简文字，以节约书写材料。后来，当便宜的纸普及以后，来往"公文"使用习惯已经定型，会用"文言文"变成了读书识字的象征。

文言文是以文字为基础来写作，注重典故、音律工整，包含策、论、记、赋、书、八股、骈文等多种文体。在 20 世纪 20 年代新文化运动以前，中国古代几乎所有的文章都是用文言文写成的。

在中华数千年历史中，口语的变化非常大，可是文言文却一脉相承，保持相近的格式。文言文能让不同时代的语言使用者"笔谈"，也是我们今天了解古人和古代文化的重要工具。

文苑小憩

古文游戏

一、把下面的古文和它们的意思连起来。

在明明德　　　　　　　　果真能够做到这样

传不习乎　　　　　　　　学习而不觉得满足

果能此道矣　　　　　　　在于弘扬光明正大的品德

学而不厌　　　　　　　　老师传授给我的知识是不是复习了

二、根据本周所学的古文，选出下面加点字代表的意思。

虽愚必明
- 明亮
- 明白
- 聪明

默而识之
- 记住
- 知识
- 知道

诲人不倦
- 教诲
- 后悔
- 悔改

在明明德
- 好处
- 品德
- 心意

传不习乎
- 传授
- 传说
- 传人

学而不厌
- 满足
- 讨厌
- 厌弃

成语收藏夹

反躬自省：躬，身体。省，检查。反过来自我检查。

　　造句：这件事情你应该反躬自省，想想问题出在哪里。

言而有信：说话讲信用。

　　造句：一个人要言而有信，答应的事情一定要办到。

惜　时 (xī shí)

一年之计① 在于春，一日之计在于寅②，
(yì nián zhī jì zài yú chūn yí rì zhī jì zài yú yín)

一家之计在于和③，一身之计在于勤④。
(yì jiā zhī jì zài yú hé yì shēn zhī jì zài yú qín)

——《增广贤文》⑤

注释

❶ 计：考虑，打算。❷ 寅：寅时，指凌晨三点至五点。❸ 和：和睦，和气，平和。❹ 勤：勤奋好学。❺《增广贤文》：明代编写的儿童启蒙读物，集录了各种格言、谚语，涉及道德礼仪、处世之道、生活哲理、治家训子等各方面。

译文

一年的打算在春天就要定好，一天的打算在寅时就要定好，一个家庭的关键在于和睦，一个人要发展关键在于勤奋。

链接

古人很珍惜时间，很多文人都写过关于惜时的诗词。唐代的书法家颜真卿曾写过一首《劝学》："三更灯火五更鸡，正是男儿读书时。黑发不知勤学早，白首方悔读书迟。"宋代的哲学家朱熹有《偶成》一诗："少年易老学难成，一寸光阴不可轻。未觉池塘春草梦，阶前梧叶已秋声。"此外，古人还有"少壮不努力，老大徒伤悲""劝君莫惜金缕衣，劝君惜取少年时""盛年不重来，一日难再晨"等劝人惜时的名句流传千古。

访古

古人的计时方式

时辰是古代的计时单位，古人把一天划分为十二个时辰，每个时辰相当于现在的两小时。子时是十二时辰的第一个时辰，相当于现在的 23 时至 1 时。由此往后推分别是丑时、寅时、卯时、辰时、巳时、午时、未时、申时、酉时、戌时、亥时。

三峡①

春冬之时，则素②湍③绿潭，回清④倒影。绝⑤巘⑥多生怪柏，悬泉⑦瀑布，飞漱⑧其间，清荣峻茂⑨，良⑩多趣味。

——郦道元⑪

注释

❶三峡：瞿塘峡、巫峡和西陵峡的总称，在长江上游重庆奉节和湖北宜昌之间。❷素：白色，指素淡之色。❸湍：急速流动的水。❹回清：回旋的清波。❺绝：极。❻巘：山峰。❼悬泉：从高处流下的泉水，指小流，大的叫瀑布。❽飞漱：急流冲荡。❾清荣峻茂：指江水清澈，两岸山峰高峻，山上草木茂盛。❿良：确实，实在。⓫郦道元：北魏地理学家、散文家。他所著的《水经注》是我国古代全面而系统的综合性地理著作。

译文

在春冬交替时节，就有白色浪花的急流和绿色的深潭，回转的清波倒映出各种景物的影子。在极高的山峰上，生长着许多奇形怪状的松柏，悬在空中的泉流和瀑布，飞速地往下冲荡在山峰之间，江水清澈，山峰高峻，草木茂盛，实在很有趣味。

诵读

文章描述了三峡春冬时节的美丽景色，朗读时，要想象景色就在眼前，带着平缓、轻松的语调。读到"良多趣味"时，应语调上扬，读出陶醉、感叹的语气。

访古

古人春游，比你还会玩

春天来了，草儿绿，桃花开，古人也会外出春游，就连孔子也很推崇"风乎舞雩，咏而归"的郊游生活。人们在野外登山、跳舞、赏花、品茶、饮酒、作诗，不亦乐乎。

立春之日

立春之日，东风不解冻，号令不行。蛰虫不震①，阴气奸②阳。鱼不上冰，甲胄③私藏。雨水之日，獭不祭鱼④，国多盗贼。鸿雁不来，远人不服。草木不萌动，果瓜不熟。

——《太平御览》⑤

注释

❶震：活动。❷奸：通"干"。侵犯，扰乱。❸甲胄：铠甲、头盔等军事装备。❹獭不祭鱼：祭鱼，据说水獭捕完鱼后，常将鱼陈列水边，如同陈列供品祭祀。❺《太平御览》：我国宋代一部著名的书籍，由李昉等人奉皇帝宋太宗的命令编纂。采用群书分类收录的方式，编为千卷，初名为《太平总类》，后因宋太宗日览三卷，改名为《太平御览》。

译文

立春这一天，如果东风不能消解冰冻，那么号令就不能执行。藏在泥土中冬眠的虫子不活动，是阴气冲犯了阳气。鱼儿不上有冰的水面，预示民间私藏铠甲、头盔等军事装备。雨水这一天，如果水獭不陈列鱼儿，国家将多发盗贼。鸿雁不向北飞来，远方的人就不会臣服。草木不萌芽生长，瓜果蔬菜不会成熟。（编者注：这些是古人关于立春这天的景象的经验之谈，不一定具有科学性。）

访古

耕 种

　　古代的耕种时节，农民都要忙着耕田、撒肥、插秧等。这些劳作都很辛苦，比如耕田，得赶着牛，用犁把土大块地翻起，很费力气；插秧时，要一直弯着腰，还要保证秧苗间的距离均匀。

桃花源记

林尽水源①，便得一山，山有小口，仿佛若有光。便舍船，从口入。初极狭，才通人。复行数十步，豁然开朗。土地平旷，屋舍俨然②，有良田、美池、桑竹之属③。阡陌④交通，鸡犬相闻。

——陶渊明⑤

注释

❶ **林尽水源**：林尽于水源，意思是桃花林在溪水发源的地方就到头了。
❷ **俨然**：整齐的样子。❸ **属**：类。❹ **阡陌**：田间小路。❺ **陶渊明**：东晋末人，是中国第一位著名的田园诗人。著有《陶渊明集》，其内容多为描写田园生活，情感真挚，意境深远。

译文

桃林的尽头就是溪水的发源地，紧接着就看到一座山，山上有个狭小的洞口，洞里仿佛能看到一点光亮。渔人就下了船，从洞口进去。起初洞口很狭窄，仅容一人通过。又走了几十步，眼前突然变得开阔明亮了。出现在他眼前的是一片平坦宽阔的土地，房屋排列得整整齐齐，还有肥沃的田地、美丽的池沼、桑树竹林之类。田间小路交错相通，到处都可以听到鸡鸣狗叫的声音。

链接

桃花源从古至今都是人们心中美好的理想世界，古代有许多文人都留下了关于桃花源的文字。如唐代的张旭曾作《桃花溪》一诗："隐隐飞桥隔野烟，石矶西畔问渔船。桃花尽日随流水，洞在清溪何处边。"抒发了向往世外桃源、追求美好生活的心境。

访古

从"鸡犬相闻"了解古代的"六畜"

在远古时代，先民们的生活主要依靠狩猎和采集，后来人们渐渐地驯化了一些野兽养在身边，以备不时之需。他们根据生活的需要和对动物的了解程度，选择了马、牛、羊、鸡、狗、猪六种动物来进行饲养、驯化，这六种动物也就是我们常说的"六畜"，与我们现在的生活也息息相关。

春 赋

宜春苑①中春已归，披香殿②里作春衣。新年鸟声千种啭③，二月杨花④满路飞。河阳⑤一县并是花，金谷⑥从来满园树。一丛香草足碍人，数尺游丝⑦即横路。

开上林⑧而竞入，拥河桥而争渡。出丽华之金屋，下飞燕⑨之兰宫。钗朵⑩多而讶⑪重，髻鬟高而畏风。眉将柳而争绿，面共桃而竞红。影来池里，花落衫中。

——庾信⑫

注释

❶宜春苑：在长安城东南。❷披香殿：汉代宫殿名。❸啭：鸟鸣。
❹杨花：柳絮。❺河阳：在今河南孟州市。晋代文学家潘岳曾为河阳

县令，满县栽桃花。**❻ 金谷：**指晋代大富豪石崇的金谷园。**❼ 游丝：** 春天虫类所吐的丝在空中飞扬，叫游丝。**❽ 上林：**秦旧苑名。汉武帝重新扩建。**❾ 飞燕：**和上句的"丽华"一样，都是泛指美人。**❿ 钗朵：**金钗做成花朵的形状。**⓫ 讶：**惊讶。**⓬ 庾信：**字子山，南北朝时期文学家，有《庾子山集》传世。

译文

　　宜春苑里，春天已经到来了，披香殿里的妃子们，早已穿上了春衣。鸟声千鸣百啭，新春试喉，二月柳絮飘舞，飞荡满城。在潘岳栽满桃树的河阳，成了桃花的世界；而石崇的金谷园中，更有万株花树吐艳争辉。那一丛丛清淡芳香的兰草，已叫人流连驻足；更何况还有在空中飘飞的蛛丝，似乎在路上阻挡行人。

　　游春的人来到上林苑，拥挤在河桥上来到对岸。那些仕女艳光照人，仿佛美人从金屋出来露面，步出昭阳宫。发髻上插满了金钗，居然也不怕压得太重。梳得高高的鬓鬟，真怕要被春风吹乱了。黛眉像柳叶一样翠绿，容颜似桃花那样艳红。身影倒映在池水中，落花飘入衣衫之中。

"龙抬头"

　　农历二月初二俗称"龙抬头"，是我国民间传统节日。关于"龙抬头"的来历，有一个传说。有一年，人间遭遇大旱，天帝便命令东海小龙前去播雨。小龙贪玩，一头钻进河里不再出来。有个小伙子勇敢地到悬崖上采来"降龙水"，搅浑了河水。小龙被迫从河中露出头来，与小伙子较量，结果小龙被击败，不得不降雨。

　　从天文学角度看，这里的"龙"指的是我国古代天文学所称二十八宿中的东方苍龙七宿星象。每到二月之初，黄昏时，"龙角星"即角宿一星和角宿二星就从东方地平线上出现，故称"龙抬头"。

　　因为传说中的龙能行云布雨、消灾降福，象征祥瑞，因此自古以来，人们在"龙抬头"这天要进行庆祝，用各种民俗活动来祈求风调雨顺、五谷丰收。

　　农历二月初正是农民开始忙农事的时候，民间有"二月二，龙抬头，大家小户使耕牛"的农谚。"春雨贵如油"，如果春雨充沛，则预示着一年的丰收，所以有农谚说："二月二，龙抬头，大仓满，小仓流。"因此，龙抬头又被称为春耕节、农事节。

　　龙也具有蛇的形象，而蛇代表在地底下冬眠的各种虫类，因此又有"二月二，龙抬头，蝎子、蜈蚣都露头"的谚语。在我国北方一些地区，人们要在这天点火驱虫，据说毒虫一见亮光就会被消灭。

　　另外，关于"龙抬头"还有一个有趣的习俗，那就是"剃龙头"，大人小孩在这一天要去剃头，据说在这一天理发能够带来一年的好运。

文苑小憩

古文游戏

一、二月初二这一天，古人常以龙身上的部位命名平时的食物。请为下列食物选择合适的名称。

馄 饨	龙 耳
面 条	龙 牙
米 饭	龙 眼
饺 子	龙 须

二、仿写句子。

一年之计在于春，一日之计在于寅。

一家之计在于和，一身之计在于勤。

一（　　　）之计在于（　　　），一（　　　）之计在于（　　　）。

一（　　　）之计在于（　　　），一（　　　）之计在于（　　　）。

三、古人用干支计时法记录时间，其中用地支记录一天二十四小时。从每天的 23 点开始为子时，而后依次是丑、寅、卯、辰、巳、午、未、申、酉、戌、亥等。每个计时单位的名称是"时辰"，每个时辰相当于现在的两个小时。你能将下面的干支计时表补充完整吗？

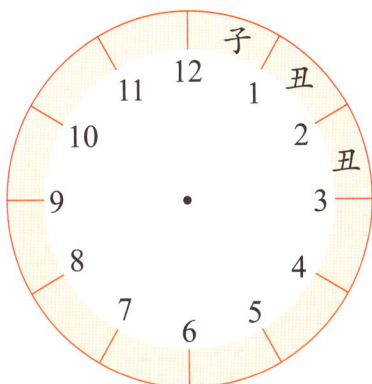

（1点~12点）

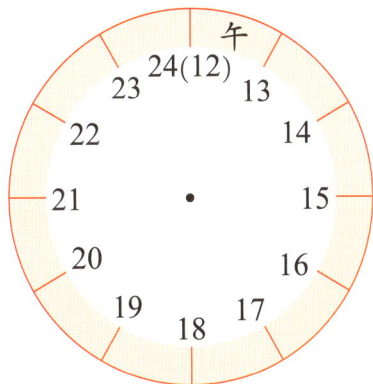

（13点~24点）

耕田

春候地气始通：啄①橛②木长尺二寸，埋尺，见其二寸；立春后，土块散，上没橛，陈根可拔。此时二十日以后，和气去，即土刚。以时耕，一而当③四。和气④去耕，四不当一。

——氾（fán）胜之⑤

注释

❶**啄**：敲，槌击。❷**橛**：是指残存的树根、树墩。❸**当**：抵得上。❹**和气**：宜于耕作的适当湿润状态。❺**氾胜之**：西汉末期著名农学家，著有《氾胜之书》。它是我国古代重要的农学著作，记载了黄河中游地区耕作原则、种子选育和作物栽培等农业生产知识，反映了劳动人民的智慧。

译文

测验春季地气开始通顺的方法是：把一尺二寸长的树根敲进土里，一尺埋在地面下，二寸露出地面；立春后，土块碎散，向上抬起，把露出地面的二寸树根盖没了，土中留下的隔年的根也可以随手拔出来，就表明地气已经开始通顺。从这时起二十天以后，和气消失，土就变硬了。在适当的时候耕田，用力一分抵得上四分。和气消失后才去耕种，用力四分抵不上一分。

访古

古代牛的地位

我国古代耕田时多用耕牛。元朝农学家王祯在《农书》中说："牛为农本，有功于世。"歌颂了耕牛对于劳动人民的贡献。历代统治者为了促进农业的发展，对耕牛予以保护。如西周时规定"诸侯无故不杀牛"。很多时候，牛肉也不允许食用。

农耕之本

nóng gēng zhī běn

凡耕之本①，在于趣时②和土③，务粪泽④，早锄早获⑤。春冻解，地气始通⑥，土一和解⑦。夏至，天气始暑，阴气始盛，土复解。夏至后九十日，昼夜分，天地气和。以此时耕田，一而当五，名曰膏泽⑧，皆得时功⑨。

——氾胜之

注释

❶ **凡耕之本**：耕田的根本方法。❷ **趣时**：不误农时。指栽培作物要不早不晚，与气候时令同步。趣，同"趋"，赶上、顺应。❸ **和土**：疏松土壤。❹ **务粪泽**：注意及时施肥和灌溉。粪，施肥。泽，浇水。❺ **早锄早获**：及时锄草，及时收获。❻ **地气始通**：地气开始通达。指春天土地解冻，地底开始温暖，植物的根系、冬眠的昆虫等开始苏醒。❼ **土一和解**：土地第一次分解松动。❽ **膏泽**：土壤精华的润泽。❾ **时功**：赶上农时的功效。

译文

农耕的根本方法，在于赶上农时，使土壤软硬适中，讲求及时施肥浇水，及时锄苗，及时收获。立春后，土地解冻，地气开始通达，这是土壤第一次分解松动。夏至后，天气开始变热，阴气兴起，土壤再一次分解。夏至后九十天，昼夜的时间长短相等，天气与地气相和。在以上所说的时间耕地，耕一遍相当于平时耕五遍，称之为"膏泽"，这都是赶上农时的功效。

链接

二十四节气是指农历中的二十四个特定节令，分别为立春、雨水、惊蛰、春分、清明、谷雨、立夏、小满、芒种、夏至、小暑、大暑、立秋、处暑、白露、秋分、寒露、霜降、立冬、小雪、大雪、冬至、小寒、大寒。它是农耕文明的产物，是先民为顺应农时，认知一年中时令、气候、物候等变化规律所形成的知识体系。这二十四个节气在农业生产方面起着指导作用，同时还影响着人们的衣食住行。

麦　田

凡麦田，常以五月耕，六月再耕，七月勿耕，谨摩平以待种时。五月耕，一当三。六月耕，一当再。若七月耕，五不当一。冬雨①雪止，辄以蔺②之，掩地雪，勿使从风飞去；后雪复蔺之；则立春保泽，冻虫死，来年宜稼③。

——氾胜之

注释

❶雨：（雪、雨）落下。❷蔺：通"躏"，践踏。此处引申为压。❸稼：种庄稼。

译文

　　凡是种麦的田，一般是在五月耕一遍，六月再耕一遍，七月不要耕，谨慎小心地摩平以等待播种。五月耕地，一遍抵得上三遍。六月耕地，一遍抵得上两遍。如果七月耕地，五遍抵不上一遍。冬季降雪过后，要把降雪压实，麦田里的雪也要遮盖好，不让雪随风飞走了；以后下雪也要照样压。那么立春后土地中会保持水分，害虫会被冻死，来年适合种庄稼。

收 麦

[宋] 郑 獬（xiè）

小麦深如人，澶漫不见地。

一苞十余茎，一茎五六穗。

实粒大且坚，较岁增三倍。

芟获载满车，累累犊衔尾。

务耕织者
wù gēng zhī zhě

后稷曰[1]："所以务耕织者，以为本教[2]也。"是故天子亲率诸侯耕帝籍田[3]，大夫士皆有功业[4]。是故当时[5]之务[6]，农不见[7]于国[8]，以教民尊地产[9]也。后妃率九嫔蚕[10]于郊，桑[11]于公田，是以春秋冬夏皆有麻枲[12]丝茧之功[13]，以力妇教也。是故丈夫不织而衣，妇人不耕而食，男女贸[14]功[15]以长生[16]，此圣人之制也。

——《吕氏春秋》[17]

用作动词，采桑。⓬ 枲：麻的雄株。⓭ 功：事。⓮ 贸：交换。⓯ 功：功效，指劳动所得。⓰ 长生：延续生命，生存。⓱《吕氏春秋》：战国末年秦国丞相吕不韦组织门客编撰的一部著作。这部书以道家理论为基础，融合了先秦各派学说，形成了一套完整的国家治理学说。

译文

后稷说："之所以要致力于耕织，是因为这是教化的根本。"因此天子亲自率领诸侯耕种籍田，大夫和士也都有各自的职事。正当农事大忙的时候，农民不得出现在都邑，以教育他们重视田地生产。后妃率领九嫔到郊外养蚕，到公田采桑，因而一年四季都有绩麻缫丝等事情要做，以此致力于对妇女的教化。所以男子不织布却有衣穿，妇女不种田却有饭吃，男女交换劳动所得以维持生活，这是圣人的法度。

茶　芽

茶牙①，古人谓之"雀舌""麦颗"②，言其至嫩也。今茶之美者，其质③素良，而所植之土又美，则新牙一发，便长寸许，其细如针。唯牙长为上品，以其质干、土力皆有余故也。如雀舌、麦颗者，极下材耳，乃北人不识，误为品题。予山居，有《茶论》，《尝茶诗》云："谁把嫩香名雀舌？定知北客未曾尝。不知灵草天然异，一夜风吹一寸长。"

——沈　括④

力于科学研究,著有《梦溪笔谈》。此书是一部记录中国古代自然科学、工艺技术及社会现象的综合性笔记体著作。

译文

茶的新芽,古人称它为"雀舌""麦颗",都说它极鲜嫩。现在的好茶,只要茶树的品种一向优良,而所栽植的土壤又好,那么新芽一生出来,就会有一寸左右长,细得像针。只有芽长的才是上品,因为这种茶树的品种、枝干以及土壤的肥力,都足以让它们长出长芽而有余。像雀舌、麦粒那种形状的,是极下等的造茶材料,只是北方人不懂,才把它们视为上品而误加称道。我居住在山林,曾作《茶论》,还有《尝茶诗》中写道:"谁把嫩香名雀舌?定知北客未曾尝。不知灵草天然异,一夜风吹一寸长。"

历法小知识

自古以来，人类的一切活动都离不开计时的指导。而要计算时间，就必须有时间的单位。于是，人类通过观察自然，发现了昼夜交替、月亮圆缺、四季更迭的规律，而这些自然现象的周期，就被人们相应设为日、月、年，作为最基本的时间单位。

古人首先确定了"日"，规定一"日"就是一昼夜。他们又发现了月亮圆缺变化的周期，确定了"月"，一个月大致是29.5日，一年分12个月。这就是月亮历，也就是阴历。按照阴历的算法，一年就只有354天。但是，古人通过观察太阳下立着的标杆的影子，又发现一年实际上有365~366天。因此，又确定了一个"太阳回归年"，是365天多一点，这就是太阳历，也就是阳历。

然而，阴历和阳历所设定的一年差了十多天，这样一年两年还没什么关系，如果多经过几年，差距就会非常大。这给人们日常生活的计时带来了一些麻烦。我国古人采取的办法是把阴历和阳历合二为一，发明了农历。农历平年为12个月，闰年有13个月，月份也分为大月和小月，大月30天，小月29天，也就是在阴历的基础上，每三年把需要补上的一个月加在第四年，这加上的一个月就是闰月，这一年就是闰年。

文苑小憩

古文游戏

一、二十四节气中按照时间先后顺序排列正确的是（　　　）。

    A. 立春、雨水、惊蛰、春分   B. 雨水、春分、立春、清明

    C. 立春、惊蛰、雨水、春分   D. 惊蛰、春分、立春、雨水

二、欣赏下面的古画，了解古人的农耕生活，按时间先后顺序标上序号。

三、下面的汉字宫格是一首打乱的五言绝句。请根据古画的提示，将正确的诗句整理出来。

蚕妇

入	市	是	人	泪
城	来	昨	罗	巾
身	绮	者	归	日
不	养	遍	蚕	满

_____，_____。

_____，_____。

穷达^① 不失志

尊德乐义则可以嚣嚣^②矣，故士穷不失义，达不离道。穷不失义，故士得己焉；达不离道，故民不失望焉。古之人，得志泽^③加于民，不得志修身见于世；穷则独善其身，达则兼善天下。

——《孟子》^④

注释

❶达：显达。❷嚣嚣：安详自得的样子。❸泽：福泽，恩泽。❹《孟子》：儒家经典著作，由战国时期的思想家孟子及其弟子等著，书中记载了孟子及其弟子的政治、教育、哲学、伦理等方面的思想观点。

译文

崇尚道德又爱好仁义，就可以安详自得了，所以士人困顿的时候不丧失仁义，显达的时候不偏离正道。困顿的时候不丧失仁义，所以士人能够自得其乐；显达的时候不偏离正道，所以百姓不会对他失望。古时候的人，得志的时候就会惠泽民众，不得志的时候就修养自身以自立于世；困顿的时候就修养好自身，显达的时候就兼顾善养天下百姓。

诵读

　　文章教导众人认识道德和仁义的重要性，我们要用铿锵有力的语气去读，语调要有气势，同时注意标点所代表的朗读停顿快慢，如句号停顿的时间较长，分号停顿的时间比句号要短，但比逗号长。

访古

礼乐制度

　　礼乐制度起源于西周时期，相传为周公所创建，分为礼和乐两个部分。礼，是对人的身份进行划分，建立社会规范，最终形成等级制度。不同场合、不同身份的人，不但礼仪有别，所用的音乐也不一样。乐，是基于礼的等级制度。

陈涉世家

陈胜者，阳城①人也，字涉。吴广者，阳夏②人也，字叔。陈涉少时，尝与人佣耕③，辍④耕之⑤垄上，怅恨久之⑥，曰："苟富贵，无相忘。"佣者笑而应曰："若⑦为佣耕，何富贵也？"陈涉太息曰："嗟乎！燕雀⑧安知鸿鹄⑨之志哉！"

——司马迁⑩

注释

❶阳城：今河南登封东南。❷阳夏：今河南太康。❸佣耕：被雇佣耕地。❹辍：停止。❺之：动词，去、往。❻怅恨久之：因失望而叹恨了很久。怅，失意，不痛快。之，语气助词，不译。❼若：代词，你，指陈胜。❽燕雀：麻雀，这里比喻见识短浅的人。❾鸿鹄：天鹅，这里比喻有远大抱负的人。❿司马迁：西汉历史学家、文学家。其传世著作《史记》记载了远古黄帝时代至汉武帝年间共三千多年的历史，是中国历史上第一部纪传体通史，被列为"二十四史"之首。

译文

陈胜是阳城人，字涉。吴广是阳夏人，字叔。陈胜年轻的时候，曾经和别人一起被雇佣给人耕地，一天，他停下手中的耕作，走到田埂高地上休息，因感到失望叹息了很久，说："如果有谁富贵了，不要忘记大家呀。"一起耕作的人笑着回答说："你一个受雇耕作的人，哪来的富贵呢？"陈胜长叹一声说："唉，燕雀怎么会知道鸿鹄的志向呢！"

访古

世　家

"世家"，一般是指门第高贵、世代为官的人家。世家大都是世世代代沿袭的大家族。"世家"为《史记》五体之一。《史记》中共有"世家"三十篇，其内容记载了自西周至西汉初各主要诸侯国的兴衰历史。

岳阳楼记（节选一）

嗟夫①！予尝求②古仁人之心，或异二者之为③，何哉？不以④物喜，不以己悲，居庙堂⑤之高则忧其民，处江湖之远则忧其君。是⑥进⑦亦忧，退亦忧。然则何时而乐耶？其必曰"先天下之忧而忧，后天下之乐而乐"乎！噫！微⑧斯人⑨，吾谁与归？

——范仲淹⑩

注释

❶ 嗟夫：唉。嗟、夫为两个词，皆为语气词。❷ 求：探求。❸ 为：这里指心理活动。❹ 以：因为。❺ 庙堂：指朝廷。❻ 是：这样。❼ 进：指在朝廷做官。❽ 微：假如不是。❾ 斯人：这样的人。❿ 范仲淹：北宋文学家，著有《范文正公集》。

译文

唉！我曾经探求过古代品德高尚之人的想法，却往往并不和那两种人一样。为什么呢？原来他们既不因外物而喜悦，也不因自己遭遇的坎坷而感到悲伤。在朝廷为官时，就为百姓担忧；身处僻远的地方做官，则为君主担忧。这样在朝廷做官也担忧，在僻远的地方也担忧。那么他们什么时候才会感到快乐呢？他们一定会回答说"在天下人忧虑之前先忧虑，在天下人快乐之后才快乐"吧！唉！如果没有这种人，我还能去追随谁呢？

链接

岳阳楼在中唐以前被称为"巴陵城楼"，后因李白赋诗，始称"岳阳楼"。岳阳楼位于湖南省岳阳市古城西门城墙之上，下可俯瞰洞庭湖，前可眺望君山岛。它与湖北武汉黄鹤楼、江西南昌滕王阁并称为"江南三大名楼"。

富贵不能淫

景春^①曰："公孙衍^②、张仪^③岂不诚^④大丈夫^⑤哉？一怒而诸侯惧，安居而天下熄^⑥。"

孟子曰："是焉^⑦得为大丈夫乎？子未学礼乎？丈夫之冠^⑧也，父命之^⑨；女子之嫁也，母命之。居天下之广居^⑩，立天下之正位，行天下之大道，得志，与民由^⑪之；不得志，独行^⑫其道^⑬。富贵不能淫^⑭，贫贱不能移^⑮，威武不能屈，此之谓大丈夫。"

——《孟子》

注释

❶ **景春**：与孟子同时代的人，纵横家。❷ **公孙衍**：战国时期魏国人，纵横家。曾在秦国为相。❸ **张仪**：战国时期魏国人，纵横家，秦惠王时为相，游说六国连横以服从秦国。❹ **诚**：真正，确实。❺ **大丈夫**：指有大志、有作为、有气节的男子。❻ **熄**：同"息"，平息，指战火熄灭，天下太平。❼ **焉**：怎么，哪里。❽ **丈夫之冠**：古时男子二十岁行冠礼，表示成年。冠，行冠礼。❾ **父命之**：父亲给予训导。命，教导、训诲。❿ **居天下之广居**：第一个"居"，居住。第二个"居"，居所、住宅。⓫ **由**：遵循。⓬ **行**：固守、坚持。⓭ **道**：原则，行为准则。⓮ **淫**：使……惑乱或迷惑。⓯ **移**：使……改变或动摇。

译文

景春说："公孙衍、张仪难道不是真正有志气、有作为的男子吗？他们发怒了，就连诸侯们都害怕；他们安居无事，天下就太平了。"

孟子说："这怎么算是有志气、有作为的男子呢？你没学过礼吗？男子在行加冠礼时，父亲教导他；女子在出嫁时，母亲教导她。居住在天下最宽广的住宅里，站立在天下最正确的位置上，行走在天下最宽广的道路上。能实现理想时，就和人们一起走这条正道；不能实现理想时，就独自施行自己的原则。富贵不会使他的思想迷惑，贫贱不会使他的操守动摇，威武不会使他的意志屈服，这才是大丈夫。"

拾趣

春秋末年，孔子的学生曾子在当时很有名气，但仍保持着朴素的生活作风，常穿着很破旧的衣服在田里耕作。鲁国国君听说后，觉得这样有失鲁国的体面，也有失曾子的面子，就想封一块地给他。可是，曾子坚决不接受。国君又送了一次，曾子还是不接受。有人说："这是别人赠给您的，又不是您要求的，为什么不接受？"曾子说："我听说，接受别人馈赠的人就会害怕得罪馈赠者；给了人家东西的人，就会对接受东西的人显露骄横之色。就算国君赏赐我而不对我显露一点骄横之色，但我能不因此害怕得罪他吗？"

少年中国说

故今日之责任，不在他人，而全在我少年。少年智则国智，少年富则国富，少年强则国强，少年独立则国独立，少年自由则国自由，少年进步则国进步，少年胜于欧洲则国胜于欧洲，少年雄于地球则国雄于地球。

红日初升，其道大光。河出伏流，一泻汪洋。潜龙腾渊，鳞爪飞扬。乳虎啸谷，百兽震惶。鹰隼试翼，风尘吸张①。奇花初胎，矞矞皇皇②。干将发硎，有作其芒③。天戴其苍，地履其黄④。纵有千古，横有八荒⑤。前途似海，来日方长。

美哉，我少年中国，与天不老！壮哉，我中国少年，与国无疆！

——梁启超⑥

注释

❶ **鹰隼试翼，风尘吸张**：鹰隼展翅试飞，掀起狂风，飞沙走石。隼，一种凶猛的鸟。吸张，一合一张。❷ **奇奇皇皇**：华美瑰丽，富丽堂皇。❸ **干将发硎，有作其芒**：宝剑在磨刀石上磨，发出耀眼的光芒。干将，古代宝剑名。硎，磨刀石。❹ **天戴其苍，地履其黄**：头顶着苍天，脚踏着黄土大地。履，踩踏。❺ **八荒**：指东、南、西、北、东南、东北、西南、西北八个方向上极远的地方。❻ **梁启超**：中国近代思想家、教育家，其著作合编为《饮冰室合集》。

译文

所以说今天的责任，不在别人身上，全在我们少年身上。少年聪明，我们的国家就聪明；少年富裕，我们的国家就富裕；少年强大，我们的国家就强大；少年独立，我们的国家就独立；少年自由，我们的国家就自由；少年进步，我们的国家就进步；少年胜过欧洲，我们的国家就胜过欧洲；少年称雄于世界，我们的国家就称雄于世界。

红日刚刚升起，道路充满霞光。河流从地下冒出来，汹涌奔泻，浩浩荡荡。潜龙从深渊中腾跃而起，鳞爪舞动飞扬。幼虎在山谷吼叫，野兽都惊慌失措。雄鹰和隼鸟振翅试飞，风和尘土高卷飞扬。奇花刚开始孕育蓓蕾，就华美瑰丽，富丽堂皇。干将剑新磨，锋刃大放光芒。头顶着苍天，脚踏着黄土大地，从纵的时间上看有千年万载的历史，从横的空间上看可通达四面八方。前途像大海一样宽广，未来的日子还很长。

美丽啊，我少年般的中国，将与天地共存不老！雄壮啊，我的中国少年，将与祖国万寿无疆！

花朝节

花朝节是我国的民间传统节日。它起源于古人祭祀花神的仪式，一般在农历二月初二，也有在二月十二、二月十五的。

我国是花的国度。花朝节在全国盛行，据传始于女皇武则天执政时期。武则天爱花，每到二月十五这一天，她总要摆上香案来祭祀花神。于是上行下效，从官府到民间都流行花朝节活动。

古时在花朝节这天，人们除了游玩赏花、扑蝶挑菜，官府出郊劝农之外，一些地方还有女子剪彩花插头的习俗，明代马中锡《宣府志》中记载："花朝节，城中妇女剪彩为花，插之鬓髻，以为应节。"

花朝节在唐、宋时流传甚广，到了明、清时期，仍为文人雅士们时常提及。明末文学家袁宏道在其《满井游记》一文中即有"燕地寒，花朝节后，余寒犹厉"这样的文字，乾隆年间的洪亮吉也有"今朝花朝无一花，今夕月夕亦无月"的诗句。

文苑小憩

古文游戏

一、花朝节是中国民间传统节日，欣赏下面的古画，说说你想到了哪
　　些花朝节的习俗。

　　　　种花、挑菜、赏红、扑蝶、晒种祈丰、
　　放花神灯、制作花糕、祝神庙会、劝农等。

提示

二、仿照下面的古文，用一两句话介绍一下自己。

　　陈胜者，阳城人也，字涉。吴广者，阳夏人也，字叔。
　　项籍少时，学书不成，去，学剑，又不成。
　　籍长八尺余，力能扛鼎，才气过人，虽吴中子弟皆已惮籍矣。

锺雅①

苏峻②既至石头③，百僚④奔散，唯侍中锺雅独在帝⑤侧。或⑥谓锺曰："见可而进，知难而退，古之道也。君性亮直⑦，必不容于寇雠⑧，何不用随时之宜，而坐待其弊⑨邪？"锺曰："国乱不能匡⑩，君危不能济⑪，而各逊遁⑫以求免，吾惧董狐⑬将执简⑭而进矣。"

——《世说新语》⑮

注释

❶ 锺雅：字彦胄，东晋官员。在抵抗苏峻叛乱中被杀。❷ 苏峻：字子高，东晋将领。曾起兵叛乱，控制朝政，后遭讨伐被杀。❸ 石头：石头城，即南京。❹ 百僚：百官。❺ 帝：指晋成帝司马衍。❻ 或：有人。❼ 亮直：敞亮正直。❽ 寇雠：仇敌，敌人。❾ 弊：通"毙"，败亡。❿ 匡：帮助。⓫ 济：救济。⓬ 逊遁：退避，退让。⓭ 董狐：春秋时的著名史官。⓮ 执简：拿着竹简，意思是写进史书。⓯《世说新语》：我国最早的一部文言志人小说集，由南朝宋临川王刘义庆组织文人编

写。书中记载了东汉后期到魏晋间一些名士的言行逸事，是魏晋南北朝笔记小说的代表作。

译文

苏峻叛军部队攻到石头城后，朝中的文武百官都逃走了，只有侍中锺雅还留在东晋成帝身边。有人对锺雅说："看情况可以就要前进，知道困难就要后退，这是自古以来的常理。您本性忠诚正直，一定不会被仇敌宽容。为什么不采取权宜之计逃走隐匿，而坐等败亡呢？"锺雅说："国家有叛乱而不能匡扶，君主有危难而不能救助，却各自逃避以求庇护，我怕董狐就要拿着竹简前来记载了！"

访古

简牍

在纸发明之前，古人常把字写在削薄的竹片或木片上，竹片多称作"简"，木片多称作"牍"，合称"简牍"。每片写好字后，再用绳子、丝线或牛皮条把它们按顺序编连起来，这就是我国古代早期的书籍形式。

介之推① 不言禄

晋侯②赏从亡者，介之推不言禄，禄亦弗及。推曰："献公③之子九人，唯君在矣。惠、怀无亲，外内弃之。天未绝晋，必将有主。主晋祀者，非君而谁？天实置之，而二三子④以为己力，不亦诬⑤乎？窃人之财，犹谓之盗，况贪天之功以为己力乎？下义其罪，上赏其奸，上下相蒙，难与处矣。"其母曰："盍亦求之？以死，谁怼⑥？"对曰："尤而效之，罪又甚焉。且出怨言，不食其食。"

——左丘明⑦

译文

晋文公赏赐那些跟随他流亡的人，介之推不邀功，因此赏赐也没有加给他。介之推说："献公有九个儿子，只有国君在世了。惠公、怀公没有亲近的人，国内外的人都厌恶他们。天不断绝晋国的后代，一定会有君主。主持晋国祭祀的人不是国君又是谁呢？上天一定要立国君为君，而他们几个跟随逃亡的人却以为是自己的力量，不是欺蒙上天吗？偷别人的财物，会被称为盗，何况窃取老天的功劳当作自己的功劳呢？下面的人认可他们的罪过，上面的人奖赏他们的欺诈，上下相互欺骗，就难以和他们相处了。"他的母亲说："要不也去请求赏赐？否则就这样死了，又能怨谁？"介之推说："明知是错误还去效仿它，罪过更大。而且我已口出怨言，不能再接受国君的俸禄。"

访古

俸　禄

俸禄是古代王朝政府按规定给予各级官吏的报酬，形式主要有土地、实物、钱币等。俸禄制度要求官吏在享受俸禄的同时，履行一定的职责。如果官吏违反朝廷有关法令，或有不尽职的行为，俸禄会被扣除掉。

苏武^① 牧羊

律^②知武终不可胁，白^③单于^④。单于愈益欲降之，乃幽^⑤武置大窖^⑥中，绝不饮食^⑦。天雨雪^⑧，武卧啮^⑨雪与旃^⑩毛并咽之，数日不死，匈奴以为神。乃徙武北海^⑪上无人处，使牧羝^⑫，羝乳^⑬乃得归。

别其官属常惠等，各置他所。武既至海上，廪食不至，掘野鼠去中^⑭实而食之。杖汉节牧羊，卧起操持，节旄尽落。

——《汉书》^⑮

注释

❶ **苏武**：西汉使臣，奉命以中郎将持节出使匈奴，被扣留。❷ **律**：指卫律，也是汉使，后向匈奴投降。❸ **白**：下对上陈述。❹ **单于**：匈奴王。❺ **幽**：囚禁。❻ **窖**：储存粮食的地穴。❼ **饮食**：喝水、吃饭。❽ **雨雪**：下雪。雨，作动词用。❾ **啮**：咬。❿ **旃**：通"毡"，毛织物。⓫ **北海**：当时匈奴的北界。⓬ **羝**：公羊。⓭ **乳**：生育。⓮ **中**：古"草"

字。⑮《汉书》：中国第一部纪传体断代史，又称《前汉书》，"二十四史"之一，由东汉史学家班固主持编撰，与《史记》《后汉书》《三国志》并称为前四史。

译文

　　卫律知道苏武最终不可能因威胁而投降，就报告了单于。单于越发想招降苏武，就把苏武囚禁在地窖中，断绝他的吃喝。天下着雪，苏武躺在地上，就着雪，嚼着毡毛吞下去，过了几天也没死，匈奴以为有神庇佑他。于是把苏武流放到荒无人烟的北海边，让他放牧公羊，声明等到公羊生育后才能归来。匈奴把苏武和他的官员属吏常惠等人分开，囚禁在不同的地方。苏武到了北海边，匈奴断绝了他的粮食供应，他只能挖野鼠所蓄藏的草籽充饥。苏武每天都挂着汉朝的旄节牧羊，因为早晚都握在手中，旄节上的旄尾都脱落了。

唐雎^① 不辱使命

唐雎曰："夫专诸^②之刺王僚^③也，彗星袭月；聂政^④之刺韩傀^⑤也，白虹贯日；要离^⑥之刺庆忌^⑦也，仓^⑧鹰击于殿上。此三子者，皆布衣之士也，怀怒未发，休祲^⑨降于天，与臣而将四矣。若士必^⑩怒，伏尸二人，流血五步，天下缟素^⑪，今日是^⑫也。"挺剑而起。

秦王色挠^⑬，长跪而谢^⑭之曰："先生坐！何至于此！寡人谕^⑮矣：夫韩、魏灭亡，而安陵以^⑯五十里之地存者，徒以^⑰有先生也。"

——《战国策》^⑱

注释

❶ **唐雎**：战国末期魏国著名策士。❷ **专诸**：春秋时吴国人。❸ **僚**：春秋时吴国君主。❹ **聂政**：战国时韩国人。❺ **韩傀**：战国时期韩国的相。❻ **要离**：春秋时期吴国人。❼ **庆忌**：吴王僚的儿子。❽ **仓**：通"苍"，青色。❾ **休祲**：吉凶的征兆。休，吉祥。祲，不祥。❿ **必**：将要。⓫ **缟素**：白色的丝织品，这里指穿丧服。⓬ **是**：这样。⓭ **秦王色挠**：秦王变了脸色。挠，屈服。⓮ **谢**：认错，道歉。⓯ **谕**：通"喻"，明白，懂得。⓰ **以**：凭借。⓱ **以**：因为。⓲ **《战国策》**：一部国别体史学著作，由西汉文学家刘向等人编订。书中主要记述了战国时期游说之士的政治主张和言行、策略。

译文

唐雎说："专诸刺杀吴王僚的时候，彗星用尾巴扫过月亮；聂政刺杀韩傀的时候，白光贯冲上太阳；要离刺杀庆忌的时候，苍鹰扑向宫殿。他们三人都是平民中有才能有胆识的人，愤怒还没从心里发作出来，上天就降下了吉凶的征兆。连同我，就会是四个人了。假若有胆识有能力的人被迫一定要发怒，那么就让两个人的尸体倒下，五步之内淌满鲜血，天下百姓将要穿丧服，现在正是这个时候。"于是拔剑出鞘立起。

秦王脸色一变，直身而跪，向唐雎道歉说："先生请坐！怎么会到这个地步！我明白了。韩国、魏国这样的大国灭亡，安陵却凭借方圆五十里的地方幸存下来，就是因为有您在啊。"

链接

秦国灭掉魏国之后，想占领安陵国。安陵君于是派唐雎出使秦国，与秦王进行了针锋相对的斗争。这篇文章就是这次斗争的部分实录。

出师表

臣本布衣①，躬耕于南阳，苟全性命于乱世，不求闻达②于诸侯。先帝不以臣卑鄙③，猥④自枉屈，三顾⑤臣于草庐之中，咨臣以当世之事，由是感激⑥，遂许先帝以驱驰⑦。后值⑧倾覆⑨，受任于败军之际，奉命于危难之间，尔来⑩二十有⑪一年矣。

先帝知臣谨慎，故临崩⑫寄臣以大事⑬也。受命以来，夙夜⑭忧叹，恐托付不效⑮，以伤先帝之明，故五月渡泸⑯，深入不毛⑰。今南方已定，兵甲已足，当奖率⑱三军，北定中原，庶⑲竭驽钝⑳，攘除奸凶，兴复汉室，还于旧都㉑。此臣所以㉒报先帝而忠陛下之职分也。

——诸葛亮㉓

注释

❶ **布衣**：平民。❷ **闻达**：显达扬名。❸ **卑鄙**：身份低微，见识浅陋。
❹ **猥**：辱，这里有降低身份的意思。❺ **顾**：拜访。❻ **感激**：感动奋发。
❼ **驱驰**：指奔走效劳。❽ **值**：遇到。❾ **倾覆**：危难。❿ **尔来**：从那
时以来。⓫ **有**：又。⓬ **崩**：死。⓭ **大事**：指刘备临终前嘱托诸葛亮
辅佐刘禅，兴复汉室。⓮ **夙夜**：日日夜夜。夙，清晨。⓯ **效**：实现。
⓰ **泸**：河流名。⓱ **不毛**：不长草木的荒凉地区。⓲ **奖率**：激励率领。
⓳ **庶**：希望。⓴ **驽钝**：比喻自己低劣的才能。驽，劣马。钝，刀刃不锋利，
指人做事迟钝。㉑ **旧都**：指东汉都城洛阳。㉒ **所以**：用来。㉓ **诸葛亮**：
字孔明，号卧龙，三国时期蜀汉丞相，杰出的政治家、军事家。

译文

　　我原来是一介平民，在南阳务农亲耕，只求在乱世间苟且保全性命，不奢求诸侯知道我而显达扬名。先帝不介意我出身低微、见识短浅，降低自己的身份，三次到草庐里来拜访我，拿当时天下的大事来咨询我，因此我感动奋发，于是答应为先帝奔走效劳。后来遇到兵败，我在战败的时候接受任命，在危难之际奉命出使东吴，从那时到现在已有二十一年了。

　　先帝知道我做事谨慎，因此临终前把国家大事托付给我。接受遗命以来，日夜担忧叹息，担心先帝托付给我的大任不能完成，从而损害先帝的英明，所以我五月率兵渡过泸水，深入荒芜的地方。如今南方已经平定，兵士装备已经充足，应当鼓舞并率领全军，向北平定中原。希望我竭尽自己低劣的才能，消灭奸邪凶恶的敌人，兴复汉朝王室，迁回旧都。这是我用来报答先帝并忠于陛下的职责本分。

寒食节

在清明节前的一两天，有一个节日叫"寒食节"。寒食节的起源有多种说法，但最普遍的说法是为了纪念介子推。传说春秋时期晋国公子重耳为躲避祸乱而流亡他国长达十九年，大臣介子推始终追随其左右。重耳回国担任国君（即晋文公）后，介子推不求利禄与母亲归隐于绵山。晋文公为了逼迫他出山相见而下令放火烧山，介子推及其母最终被火烧死。晋文公十分后悔，将他们葬在绵山，修祠立庙，并下令在介子推死去的这天禁止生火，只吃冷食。这就是"寒食节"。所以，寒食节又叫禁烟火节、冷烟节、冷节等。

在这一天，古时百姓不生火做饭，只吃事先准备好的冷食。最早的寒食食品据传是"饧大麦粥"。做法是先将大麦磨成麦浆，煮熟后再拌入捣碎的杏仁，冷凝后切成块状，吃的时候浇上糖稀。另外，寒食食品还有"枣糕""干粥"和"馓（sǎn）子"等。

"枣糕"又叫"子推饼"，用酵糟发面，夹枣蒸食。有的人还将枣饼制成飞燕状，用柳条串起来，插在门楣处。

"干粥"也称"糗"，是炒熟的谷粉，食用时，加水调成糊状，也可直接食用。

"馓子"是油炸食品，香脆精美，古人称其为"寒具"。北宋著名文学家苏东坡曾作《馓子》一诗："织手搓来玉色匀，碧油煎出嫩黄深。夜来春睡知轻重，压匾佳人缠臂金。"

文苑小憩

古文游戏

一、读诗猜节日（节气）。

   1. 宿草春风又，新阡去岁无。
     梨花自寒食，进节只愁余。
     答案：＿＿＿＿＿＿＿＿

   2. 黄钟应律好风催，阴伏阳升淑气回。
     葵影便移长至日，梅花先趁小寒开。
     答案：＿＿＿＿＿＿＿＿

   3. 少年佳节倍多情，老去谁知感慨生。
     不效艾符趋习俗，但祈蒲酒话升平。
     答案：＿＿＿＿＿＿＿＿

二、欣赏下面的古画，你能想到寒食节的哪些习俗活动？

有祭扫、踏青、秋千、蹴鞠、拔河、斗鸡等。

提示

答^①谢中书^②书

dá xiè zhōng shū shū

山川之美，古来共谈。高峰入云，清流见底。两岸石壁，五色交辉^③。青林翠竹，四时俱备。晓雾将歇^④，猿鸟乱鸣^⑤；夕日欲颓^⑥，沉鳞竞跃^⑦。实是欲界之仙都。自康乐^⑧以来，未复有能与^⑨其奇者。

——陶弘景^⑩

> **注释**

❶答：回复。❷谢中书：指谢征，字玄度。曾任中书舍人，掌朝廷机密文书，所以称之为谢中书。❸五色交辉：形容石壁色彩斑斓。❹歇：消散。❺乱：此起彼伏。❻颓：坠落。❼沉鳞竞跃：潜游在水中的鱼争相跳出水面。沉鳞，潜游在水中的鱼。竞跃，竞相跳跃。❽康乐：指南朝著名山水诗人谢灵运，他继承爵位，被封为康乐公。❾与：参与，这里有欣赏、领略之意。❿陶弘景：字通明，自号华阳隐居，南朝齐梁时思想家，著有《陶隐居集》。

译文

山川风景的美丽，自古以来就是文人雅士共同谈论欣赏的。巍峨的山峰高耸入云，溪流潺潺清澈见底。岸两边的石壁上色彩斑斓，交相辉映。青葱的树木，翠绿的竹林，四季都是如此。清晨的薄雾快要消散时，猿啼、鸟鸣声此起彼伏；到了夕阳快要落山的时候，潜游在水底的鱼儿争相跳出水面。这里真是人间仙境啊。自从南朝的谢灵运以来，就再也没有人欣赏、领略这样奇丽的景色了。

访古

书

"书"，在古代有一个重要意思是指信函。古人的信函又叫"尺牍"（因为古代的木牍最常见的规格长一尺）或"信札"，是一种应用性文体，多用来记录事件、表达感情。唐宋以前，尺牍重在实用，之后它的实用功能有所淡化，成为文学体裁之一。

小园赋
xiǎo yuán fù

藏狸①并窟，乳鹊②重巢。连珠细菌，长柄寒匏③。可以疗饥，可以栖迟④。敧陀⑤兮狭室，穿漏⑥兮茅茨⑦。簷⑧直倚而妨帽，户平行而碍眉。坐帐无鹤⑨，支床有龟⑩。鸟多闲暇，花随四时。心则历陵⑪枯木，发则睢阳⑫乱丝⑬。非夏日而可畏，异秋天而可悲。

——庾信

注释

❶ 藏狸：野猫。❷ 乳鹊：哺育幼鸟的鹊。❸ 匏：葫芦。❹ 栖迟：栖息。❺ 敧陀：同"崎岖"，这里形容空间局促。❻ 穿漏：屋顶漏雨。❼ 茅茨：用茅草覆盖屋顶，这里指茅草屋。❽ 簷：同"檐"，房檐。❾ 坐帐无鹤：据说三国时吴国人介象，死于武昌，归葬建业（今南京），死后有白鹤集于座上。此处指自己恐怕不能像介象一样归于梁首都建业。❿ 支床有龟：据载，有南方老人用龟做足来支撑床，二十多年后，老人死了，龟还没有死去。此处指自己久住长安，像龟支床，到老都不能移动。⓫ 历陵：县名。⓬ 睢阳：宋国地名。⓭ 乱丝：头发蓬而白，像团乱丝。

译文

与藏狸一起居住在洞窟，与乳鹊一起生活在鸟巢。菌的生长只能紧密如连珠，葫芦无地可容，只能长出长柄。在这里可以缓解饥饿，可以栖居。狭窄的住室高低不平，茅屋漏风漏雨。房檐低矮能碰到帽子，户门低小，直起身来可以触碰到眉毛。我恐怕不能像介象那样葬于建业，而要像用龟支床的老人那样老死在这里了。鸟儿悠闲飞翔，花儿随着四季开落。心如枯木，寂然无绪；发如乱丝，蓬白不堪。不是炎热的夏日也感到惧怕，不是秋天也感到悲苦萧瑟。

链接

庾信是南北朝时期一位著名诗人，他祖籍在南朝，因为处在动荡的南北朝，他从南方的梁朝辗转到北方的西魏，最后到了北周。庾信天资聪颖，喜好文学，才华出众，被世人称道，一生显贵，不用为生计担忧。他一心想回归南方故土，但时局动荡不安，加之北朝的帝王舍不得他出色的文采，不愿放他走，最后庾信只能客死他乡。

初至西湖记

从武林门[1]而西，望保叔塔[2]突兀层崖中，则已心飞湖上也。午刻入昭庆[3]茶毕，即棹[4]小舟入湖。山色如娥[5]，花光如颊，温风如酒，波纹如绫，才一举头，已不觉目酣[6]神醉，此时欲下一语描写不得，大约如东阿王[7]梦中初遇洛神[8]时也。

——袁宏道[9]

注释

❶ **武林门**：杭州城古城门之一。❷ **保叔塔**：又名"保俶（chù）塔"，在西湖边的山上。❸ **昭庆**：寺庙名，位于保叔塔附近。❹ **棹**：船桨，这里作动词，指划船。❺ **娥**：指少女的黛眉。❻ **酣**：尽兴，痛快。❼ **东阿王**：指三国时期魏国的曹植，曾封东阿王。❽ **洛神**：曹植曾作《洛神赋》写初见洛神，表现了洛神之美和自己的爱慕之情。❾ **袁宏道**：字中郎，明代文学家，主要作品有《袁中郎全集》《徐文长传》等。他所代表的文学流派世称"公安派"。

译文

从杭州武林门向西行走，远远望去，保俶塔高高耸立在层峦山崖上，心思早已飞去西湖之上了。到了午时进入昭庆寺，喝完茶，马上划着小船进入西湖。周围的山景如黛眉，花朵的光彩如少女的面颊，温和的风像醉人的酒，湖水的波纹如同绸缎，刚抬起头，已经目不暇接，如醉如痴了。这时想用一个词语来描绘眼前的美景，终究想不到，大概就像东阿王梦中初遇洛神时那样迷离恍惚吧。

链接

曹植创作的《洛神赋》是辞赋名篇。赋中虚构了曹植与洛神的邂逅以及彼此间的思慕爱恋，刻画了一个美丽绝伦的洛神形象。因人神不能结合，最后抒发了无限的悲伤怅惘之情。全赋辞采华美，想象丰富，描写细腻生动。

山市 shān shì ①

奂山② 山市，邑③ 八景之一也，然数年
恒④ 不一见。孙公子⑤ 禹年与同人⑥ 饮楼上，
忽见山头有孤塔耸起，高插青冥⑦，相顾⑧
惊疑，念近中无此禅院。无何，见宫殿数十
所，碧瓦飞甍⑨，始悟⑩ 为山市。未几，高垣
睥睨⑪，连亘⑫ 六七里，居然⑬ 城郭矣。中有
楼若者，堂若者，坊若者，历历在目，以亿
万计。

——蒲松龄⑭

注释

❶ **山市**：山市蜃景，与"海市蜃楼"的形成原理相似。❷ **奂山**：山名。
❸ **邑**：这里指清代淄川县，今属淄博市。❹ **恒**：经常。❺ **孙公子**：
对孙禹年的尊称。公子，旧时用来称呼豪门贵族子弟。❻ **同人**：常指
共事的人或志同道合的友人。❼ **青冥**：青天，天空。❽ **相顾**：对视，
你看看我，我看看你。❾ **碧瓦飞甍**：碧色的瓦和翘起的房脊。飞甍，
两端翘起的房脊。甍，房脊。❿ **始悟**：才明白。始，才。悟，明白。
⓫ **高垣睥睨**：高高低低的城墙。高垣，指高墙。睥睨，指矮墙。⓬ **连
亘**：连绵不断。⓭ **居然**：竟然。⓮ **蒲松龄**：字留仙，世称"聊斋先生"，
自称"异史氏"，清代文学家，著有《聊斋志异》。

译文

奂山的山市是淄川县有名的八景之一，但是多年都难得见一次。有个叫孙禹年的公子，和几位志同道合的朋友在楼上饮酒，忽然看见奂山山头耸立起一座孤塔，高高地插入青天。几个人你看看我，我看看你，惊惶不已，心想附近原本没有这个禅院。没多久，又看到了几十座高大的宫殿，有碧绿色的琉璃瓦和翘起的房脊，这才明白是山市出现了。不一会儿，只见高高低低的城墙连绵延伸有六七里长，竟然像一座城市。其中有的像楼，有的像厅堂，有的像街巷，都清晰地呈现在眼前，数目多到用亿万来计算。

链接

海市蜃楼，也称"蜃景"，是光线在特殊环境中经过折射、反射而产生的奇异幻景，常出现在海边与沙漠，有时也出现在山中。古人很早就注意到海市蜃楼的现象。汉晋时期书上多记载它传说是由"蛟龙吐气"形成的，北宋科学家沈括也对山东登州经常出现的海市蜃楼进行了记录。

小石城山记

自西山道口径北[1]，逾[2]黄茅岭而下，有二道。其一西出[3]，寻之无所得；其一少北而东[4]，不过四十丈，土断而川分[5]，有积石横当其垠[6]。其上为睥睨梁欐[7]之形，其旁出堡坞[8]，有若门焉。窥[9]之正黑，投以小石，洞然[10]有水声，其响之激越[11]，良久乃已[12]。环之可上，望甚远。无土壤而生嘉树美箭[13]，益奇而坚，其疏数[14]偃[15]仰，类[16]智者所施设也。

——柳宗元[17]

此处是指由山石天然形成的。**⑨ 窥：** 注意，留心。**⑩ 洞然：** 深深的样子。**⑪ 激越：** 声音高亢清远。**⑫ 已：** 停止。**⑬ 箭：** 指竹子。**⑭ 数：** 密。**⑮ 偃：** 倒伏。**⑯ 类：** 好像。**⑰ 柳宗元：** 字子厚，唐代文学家，世称"柳河东"，"唐宋八大家"之一。

译文

从西山路口往北走，越过黄茅岭再往下走，有两条路。其中一条向西伸去，沿着它走得不到什么；另一条稍微偏北而后向东，走了不到四十丈，路就被一条河流截断了，有积石横挡在路的尽头。石山顶上天然生成矮墙和栋梁的形状，旁边又凸出一块好像堡垒，有一个像门的洞。从洞口往里探望一片漆黑，丢一块小石子进去，咚的一下有水响声，那声音很洪亮，很久才消失。盘旋着可以登到石山山顶，站在上面望得很远。山上没有泥土却生长着很好的树木和竹子，而且更显得形状奇特、质地坚硬。竹木分布疏密有致、高低错落，好像是有智慧的人特意布置的。

上巳（sì）节

上巳节是中国民间传统节日，俗称"三月三"。"上巳"最早出现于汉初的文献。魏晋之后，节期固定在农历三月初三。这天，人们把荠菜花铺在灶上以及坐、睡的地方，用来除虫害；把荠菜花藏在衣服内，用来防虫蛀；妇女把荠菜花戴在头上，希望祛除头痛病。

上巳节的习俗可追溯到纪念伏羲女娲氏。农历三月三，还是传说中王母娘娘开蟠桃会的日子。有一首竹枝词是这样描述蟠桃宫庙会盛况的："三月初三春正长，蟠桃宫里看烧香。沿河一带风微起，十丈红尘匝地飏。"

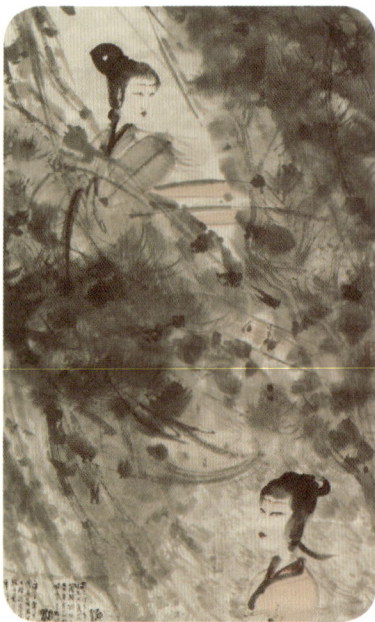

传统的上巳节习俗还有"临水浮卵""水上浮枣"和"曲水流觞"等活动。其中以"临水浮卵"最为古老，它是将煮熟的鸡蛋放在河水中，任其浮移，谁拾到谁就可以吃。"水上浮枣"和"曲水流觞"都是由"临水浮卵"演变而来的。"曲水流觞"后来成为文人雅士欢聚娱乐的一项活动。东晋大书法家王羲之的《兰亭集序》中就记载了这一活动。

在很多地方，三月三又叫"女儿节"，也叫"桃花节"，是古代少女举行成人礼——"笄礼"的节日。在这天，女孩们临水而行，在水边游玩，踏歌起舞。

文苑小憩

古文游戏

一、下列选项中不属于我国目前法定节假日的是（　　　）。

　　A．元宵节　　　　B．春节　　　C．中秋节　　　D．国庆节

二、"曲水流觞"辨词义。

妻子

中国

非常

更衣

鱼肉

牺牲

左右

小生

开张

不好

活人

初一

祖父

或者

上面共有 14 个词，请从 1~14 中任意选择一个数字作为步数，"走"到哪个词就要说出这个词的古义或者今义。蓝色的词要求说出古义，黑色的词要求说出今义。

提示

归去来兮^①辞

guī qù lái xī cí

归去来兮，田园将芜胡^②不归？既自
以心为形役^③，奚^④惆怅而独悲？悟已往
之不谏^⑤，知来者之可追^⑥。实迷途其未
远，觉今是^⑦而昨非^⑧。舟遥遥以轻飏^⑨，
风飘飘而吹衣。问征夫^⑩以前路，恨晨光
之熹微^⑪。

——陶渊明

注释

❶归去来兮：意思是"回去吧"。来，助词，无义。兮，语气助词。
❷胡：同"何"，为什么。❸以心为形役：让心神为身体所奴役。意思是本心不愿出去做官，但为了免受饥寒，违背本意去做了官。❹奚：何，为什么。❺谏：谏止，劝止。❻追：补救，挽回。❼是：正确。
❽非：错误。❾飏：飞扬，形容船行驶轻快。❿征夫：行人。⓫熹微：天色微明。

译文

回家去吧！田园都要荒芜了，为什么还不回去！既然知道自己的心灵被身体所役使，为什么还要如此失意独自悲伤！我认识到过去的错误已经无法挽回，知道未来还来得及补救，其实走入迷途还不算远，已经

觉悟到现在的做法是对的，而曾经的行为是错的。船在水上轻轻飘荡，微风吹拂着衣裳。向行人打听前面的路，遗憾的是天才微微亮起来。

访古

辞

辞，是介于散文与诗歌之间的一种文体。起源于战国时期的楚国，故称楚辞。汉代常把辞与赋合称为辞赋。但辞和赋是有区别的，一般说来，辞重抒情，赋重写景。

陋室① 铭②

山不在③高，有仙则名④。水不在深，有龙则灵⑤。斯⑥是陋室，惟吾德馨⑦。苔痕上阶绿，草色入帘青。谈笑有鸿儒⑧，往来无白丁⑨。可以调素琴，阅金经。无丝竹⑩之乱耳，无案牍⑪之劳形⑫。南阳⑬诸葛⑭庐⑮，西蜀子云⑯亭。孔子云⑰：何陋之有？

——刘禹锡⑱

注释

❶ 陋室：简陋的屋子。❷ 铭：古代刻在器物上用来警诫自己或称述功德的文字，叫"铭"，后来成为一种文体。这种文体一般用骈句，句式较为整齐，朗朗上口。❸ 在：在于，动词。❹ 名：出名、著名，名词作动词。❺ 灵：显得有灵气，名词作动词。❻ 斯：指示代词，此，这。❼ 馨：散布很远的香气，这里指品德高尚。❽ 鸿儒：大儒，这里指博学的人。❾ 白丁：平民。这里指没有什么学问的人。❿ 丝竹：琴瑟、箫管等乐器的总称，"丝"指弦乐器，"竹"指管乐器。这里指奏乐的声音。⓫ 案牍：官府的公文，文书。⓬ 劳形：使身体劳累。⓭ 南阳：地名。⓮ 诸葛：指诸葛亮。⓯ 庐：简陋的小屋子，指诸葛亮未出山前在南阳居住过的草庐。⓰ 子云：扬雄，字子云，西汉时文学家。⓱ 云：说。⓲ 刘禹锡：字梦得，唐代中晚期著名诗人，有"诗豪"之称。

译文

山不在于高，有了神仙就会知名；水不在于深，有龙就会显示威灵。这是简陋的房子，只因我这屋主人品德高尚，就名声远播。长到台阶上的苔藓颜色碧绿，青草的绿色映入帘中。到这里谈笑的都是知识渊博的人，来往的没有知识浅薄的人。平时可以弹奏清雅的古琴，阅读经书。没有世俗的乐曲扰乱心境，没有繁杂的官府公文劳神伤身。南阳有诸葛亮的草庐，西蜀有扬子云的亭子。正如孔子说的："有什么简陋呢？"

链接

据载，刘禹锡因得罪权贵，被贬到安徽和州县（今安徽省和县）当一名通判。按规定，通判可以在县衙里住三间三厢的房子。可和州知县故意刁难刘禹锡，安排他住在城南的江边。刘禹锡没有怨言，反而很高兴，还写下两句话贴在门上："面对大江观白帆，身在和州思争辩。"知县知道后很生气，命人把他的住处迁到县城的北门，由原来的三间减少到一间半。刘禹锡仍不计较，并以门前的柳树为描写对象，在门上写了"垂柳青青江水边，人在历阳心在京"两句话。知县见刘禹锡仍然自得其乐，又派人把他的住处调到县城中部，只给了一间很小的屋子。这一次，刘禹锡愤然提笔写下了《陋室铭》，表达自己品行高洁、安贫乐道，不与世俗同流合污的意趣。

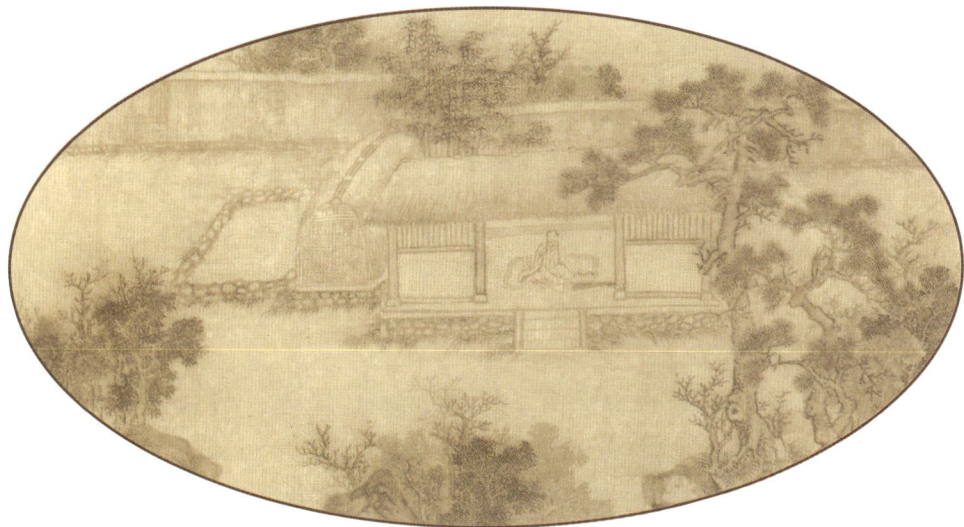

庐山草堂记

匡庐①奇秀，甲②天下山。山北峰曰香炉峰，北寺曰遗爱寺，介③峰寺间，其境胜绝，又甲庐山。元和④十一年秋，太原人白乐天见而爱之，若远行客过故乡，恋恋不能去。因面峰腋寺⑤，作为草堂。

明年⑥春，草堂成。三间两柱，二室四牖⑦，广袤丰杀⑧，一称心力⑨。洞⑩北户来阴风⑪，防徂暑⑫也；敞南甍⑬纳阳日，虞祁寒⑭也。木斫⑮而已不加丹；墙圬而已不加白。砌⑯阶用石，幂窗⑰用纸，竹帘纻帏⑱，率称是焉。

——白居易⑲

❶匡庐：山名，指江西的庐山。❷甲：超过其他，居首位。❸介：处于两者之中。❹元和：唐宪宗在位期间使用的年号。❺面峰腋寺：面对香炉峰，靠近遗爱寺。腋，两腋在人身体旁，引申为"傍"。❻明年：第二年。❼牖：窗户。❽广袤丰杀：地方面积的大小。广袤，土地的

长和宽。丰杀，增减。❾ **一称心力**：全与自己的愿望和财力相称。一，全部。❿ **洞**：洞开，打开。⓫ **阴风**：北风。⓬ **徂暑**：盛暑。⓭ **敞南甍**：把南屋造得很高敞。⓮ **虞祁寒**：防范严寒。虞，防范。祁寒，严寒。⓯ **斫**：砍削。⓰ **砌**：台阶。⓱ **幂窗**：糊窗。幂，覆盖。⓲ **竹帘纻帏**：竹子做的帘子，麻布做的帐幕。纻，苎麻。⓳ **白居易**：字乐天，号香山居士。唐代伟大的现实主义诗人，有"诗魔"之称。

译文

庐山风景秀丽无比，排天下名山中的第一。山的北峰叫香炉峰，香炉峰北面的寺庙叫遗爱寺，处于香炉峰与遗爱寺之间的景色最美，是庐山风景之最。元和十一年（861 年）的秋天，太原人白乐天一见就爱上它了，就像远行的游子路过故乡一样，留恋不舍，不忍离去。于是他就在面对香炉峰又靠近遗爱寺的地方，盖了一间草堂。

第二年春天，草堂建成了。三间屋子，两根楹柱，两间卧房，四扇窗子，屋子的面积大小，完全符合心意，也与财力相称。打开北边的小门，让凉爽的风吹进来，可以避暑；把屋脊南面盖得高敞，让阳光照射进来，可以御寒。建造房屋的木材用斧子砍削，也不用油漆彩绘；墙涂泥就行了，不必用石灰白粉粉刷。砌台阶用石头，糊窗户用纸，用竹子做帘子，用麻布做帐幕，一切全都和草堂的简朴风格相称。

拾趣

白居易在五六岁时就学会了作诗，十几岁时在家乡就很有名气了。十六岁时，白居易到京城参加科举考试。当时，顾况是长安的一位名士，许多人都慕名找他求教。白居易也拿着自己的诗集去拜见他。见白居易年纪轻轻，相貌平平，顾况接过诗集，看到署名"白居易"三个字，便笑着说："长安什么东西都贵，想居住在这里，可不容易！"随后，他翻开诗集，首先看到的是《赋得古原草送别》。刚读完前四句，顾况的态度来了一个大转变。他高声赞叹道："好诗！"又对白居易说："能写出这样的诗句，不要说是长安，就是整个天下，你也可以'居易'了！"

黄冈①竹楼记

黄冈之地多竹，大者如椽。竹工破之，刳②去其节，用代陶瓦，比屋③皆然，以其价廉而工省也。

子城④西北隅，雉堞⑤圮毁，蓁莽⑥荒秽。因作小楼二间，与月波楼通。远吞山光，平挹⑦江濑⑧，幽阒⑨辽夐⑩，不可具状。夏宜急雨，有瀑布声；冬宜密雪，有碎玉声。宜鼓琴，琴调和畅；宜咏诗，诗韵清绝；宜围棋，子声丁丁然；宜投壶，矢声铮铮然。皆竹楼之所助也。

——王禹偁⑪

注释

❶ **黄冈**：在今湖北黄冈。❷ **刳**：削刮。❸ **比屋**：家家户户。比，并着，连着。❹ **子城**：城门外的套城。❺ **雉堞**：城墙。❻ **蓁莽**：野草丛生。❼ **平挹**：平视。挹，看取。❽ **江瀫**：江滩上的急流。❾ **阒**：寂静。❿ **夐**：遥远。⓫ **王禹偁**（chēng）：北宋诗人、散文家，敢于直谏，是宋初有名的"直臣"。

译文

　　黄冈地区盛产竹子，大的像椽子。竹匠剖开它，削去竹节，用来代替陶瓦。每家每户的房屋都是这样，因为竹瓦价格便宜又省工。

　　子城的西北角上，矮墙毁坏，长着茂密的野草，一片荒秽。我于是就地建造两间小竹楼，与月波楼相通。登上竹楼，远眺可以尽览山色，平视可以将江滩、碧波尽收眼底。那清幽静谧、辽阔绵远的景象，实在无法一一描述。夏天适宜听骤雨，小楼上有瀑布的轰鸣声；冬天适宜听密雪，小楼上有碎玉落地的沙沙声。这里适宜弹琴，琴声清幽和畅；这里适宜吟诗，诗韵清雅绝妙；这里适宜下棋，落子声丁丁悦耳；这里适宜投壶，箭声铮铮动听。这些都是竹楼给予的。

诗词

竹 楼

[宋] 高 翥（zhù）

老竹平分当建瓴，小楼从此擅高名。
地连云垛登临委，栏俯晴江梦寐清。
一记自能追正始，三閒谁与续咸平。
涛音日日烟中落，依约焚香读易声。

项脊轩^① 志

项脊轩，旧^②南阁子也。室仅方丈^③，可容一人居。百年老屋，尘泥渗漉^④，雨泽下注^⑤；每移案^⑥，顾视^⑦无可置者。又北向，不能得日^⑧，日过午已昏^⑨。余稍为修葺^⑩，使不上漏。前辟^⑪四窗，垣墙^⑫周庭，以当^⑬南日，日影反照，室始洞然^⑭。又杂植兰桂竹木于庭，旧时栏楯^⑮，亦遂增胜^⑯。借书满架，偃仰^⑰啸歌^⑱，冥然兀坐^⑲，万籁^⑳有声；而庭阶寂寂，小鸟时来啄食，人至不去。三五之夜^㉑，明月半墙，桂影斑驳，风移影动，珊珊^㉒可爱。

——归有光^㉓

注释

❶**项脊轩**：作者家中的一间小屋。轩，小的房室。❷**旧**：旧日的，原来的。❸**方丈**：一丈见方。❹**渗漉**：从小孔慢慢漏下。❺**雨泽下注**：雨水往下倾泻。雨泽，雨水。❻**案**：几案，桌子。❼**顾视**：环看四周。❽**得日**：照到阳光。❾**昏**：光线不明。❿**修葺**：修理，修补。⓫**辟**：开。⓬**垣墙**：砌上围墙。垣，在这里名词作动词，指砌矮墙。⓭**当**：

挡住。⑭ **洞然**：明亮的样子。⑮ **栏楯**：栏杆。纵的叫栏，横的叫楯。⑯ **胜**：美景。⑰ **偃仰**：偃，伏下。仰，仰起。⑱ **啸歌**：长啸或吟唱。这里指吟咏诗文，表现豪放自若的样子。啸，口里发出长而清越的声音。⑲ **冥然兀坐**：静静地独自端坐着。兀坐，端坐。⑳ **万籁**：自然界的一切声响。㉑ **三五之夜**：农历每月十五的夜晚。㉒ **珊珊**：衣裙玉佩的声音，引申为美好的样子。㉓ **归有光**：字熙甫，又字开甫，别号震川，又号项脊生。明朝著名散文家。

译文

项脊轩，是原来的南阁子。室内只有一丈见方，只能容纳一个人居住。这是一间百年老屋，泥土从上边漏下来，雨水也一直往下流，每次要挪开桌子避雨，环顾四周，没有干燥的地方可以放置。项脊轩坐南朝北，照不到太阳，过了中午屋里就很昏暗。我把它稍稍修补了一下，让上面不再掉土漏水；在前面开了四个窗子，绕着庭院盖起围墙，来挡南面的阳光；阳光照在墙上，反射进屋里，屋里才亮堂了。又在院里种了兰花、桂花、竹子和其他花草树木，原来的栏杆，也就增加了光彩。借来的书堆满书架，时卧时起，长啸高歌，或者静静地端坐，自然界的一切声音都能听到。庭院的台阶上静悄悄的，小鸟时常来啄食，人走近也不飞走。每月十五的夜晚，明亮的月光洒满半面墙壁，桂花的影子杂乱地映在墙上，风吹来，影子也跟着摇曳，真是十分可爱。

拾趣

归有光的妻子魏氏是名儒魏校的侄女，也是归有光的师妹，她嫁给归有光时，归有光穷得连聘礼都出不起，可魏氏却毫不介意。归有光早年多次参加科举考试，都没能考中。他把自己关在项脊轩里用功苦读，魏氏便亲自下厨，做可口的饭菜给他吃。有时，为了让归有光放松片刻，她便陪着归有光学写字。空闲时，魏氏还会和归有光闲坐在台阶上，看小鸟过来啄食，听夏蝉声声鸣叫。两人的生活平静而美好。

清明节

清明节又称踏青节、三月节、祭祖节等，既是节气，也是我国的传统节日。

作为自然节气的清明，时间在春分之后。这时春天已经过了一半，天气晴朗，大地春意盎然，草木繁茂。

作为传统节日，清明节是一年中最重要的祭祀节日，要进行祭祖、扫墓等活动。

除了扫墓，清明的另一项重要活动就是"踏青"了。清明期间，正是春暖花开之时，气温回升，万物萌发，在野外踏青是人们所钟爱的户外活动。据《晋书》记载，每到此时，人们都要结伴到郊外游春赏景。

清明前后，气温逐渐升高，雨量增多，这时种植树苗成活率高，成长也快。因此，自古以来，我国还有清明植树的习俗。此外，各地的清明节活动还有放风筝、插柳、拔河等。人们喜欢选择在这一天去享受美好的户外春光。

文苑小憩

古文游戏

一、下列说法与清明节不符的是（ 　　 ）。

    A. 清明前后，点瓜种豆

    B. 忽如一夜春风来

    C. 植树造林，莫过清明

    D. 清明时节雨纷纷

二、右边的汉字宫格里藏着两句描绘清明节景象的诗句，请你把它找
   出来。

            雷惊 ＿＿＿＿＿＿＿，

            ＿＿＿＿＿＿＿。

惊	彩	轻	红	斜	云
雷	天	龙	挂	蛰	足
郊	原	符	草	木	柔
蛇	玉	绿	雨	线	地

三、拔河起源于春秋战国时期，发展到唐代成为清明节的习俗之一。
   比赛时，以中间的小旗为界，一方将另一方拔过中界视为胜利。
   现在请你参加下面的成语接龙拔河比赛，按箭头所示进行接龙，
   接龙长的将获得胜利。

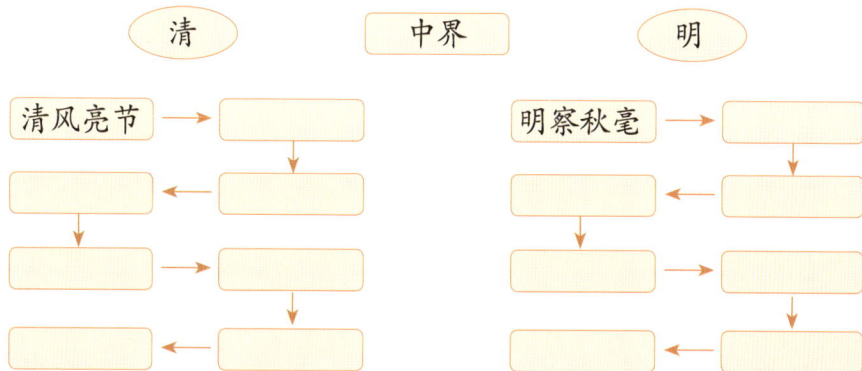

清		中界		明

清风亮节 → ☐

☐ ← ☐

☐ → ☐

☐ ← ☐

明察秋毫 → ☐

☐ ← ☐

☐ → ☐

☐ ← ☐

汤① 伐夏桀②

帝桀之时，自孔甲③以来而诸侯多畔④夏，桀不务德⑤而武伤百姓⑥，百姓弗堪⑦。乃召汤而囚之夏台⑧，已而⑨释之。汤修德，诸侯皆归汤，汤遂率兵以伐夏桀。桀走⑩鸣条⑪，遂放⑫而死。桀谓人曰："吾悔不遂杀汤于夏台，使至此。"汤乃践⑬天子位，代夏朝天下。汤封夏之后，至周封于杞⑭也。

——司马迁

注释

❶汤：指成汤，别称"商汤"，是商朝开国君主。**❷夏桀**：夏朝的最后一个君主，暴君，与商纣王齐名，"桀纣"成为暴君的代名词。
❸孔甲：夏朝第十四任君主。**❹畔**：同"叛"，反叛。**❺务德**：从事有德的行为。**❻百姓**：一百个有姓的家族，这里指各个部族。
❼堪：忍受。**❽夏台**：夏王朝监狱，又称钧台。**❾已而**：不久以后。

❿ **走**：败走，逃走。⓫ **鸣条**：古地名，在今山西运城。⓬ **放**：流放。
⓭ **践**：就任。⓮ **杞**：在今河南杞县。

译文

　　夏桀在位时，因自从孔甲在位以来，诸侯就有很多相继叛离了夏，而夏桀又不修德行，而用武力伤害各个部族，人们不堪忍受。夏桀召汤前来，把他囚禁在夏台，后来又放了他。汤修行德业，诸侯都来归附于他，汤于是率兵去征讨夏桀。夏桀逃到鸣条，最后被放逐而死。夏桀对人说："我后悔当初没有及时把汤杀死在夏台，才使我落到这个下场。"这样，汤就登上了天子之位，取代了夏朝，统领天下。汤封了夏桀的后代，到周朝时，把他们封在杞地。

链接

　　夏桀统治残暴，不管是夏朝的子民，还是各附属国的百姓，都过着十分悲惨的生活。夏桀自称为太阳，他希望与日月同辉，永久地居于统治地位。老百姓指着太阳咒骂他："如果太阳会灭亡，我愿意跟你同归于尽！（时日曷丧，予及汝偕亡！）"这便是成语"时日曷丧"的由来，表示誓不与其共存，形容痛恨到了极点。

武王^①伐纣^②

西伯^③既卒^④，周武王之东伐，至盟津^⑤，诸侯叛殷^⑥会周者八百。周武王于是遂率诸侯伐纣。纣亦发兵距^⑦之牧野^⑧。甲子日，纣兵败。纣走，入登鹿台^⑨，衣^⑩其宝玉衣，赴火而死。周武王遂斩纣头，县^⑪之白旗。杀妲己^⑫。释箕子^⑬之囚，封比干^⑭之墓，表商容之闾^⑮。于是周武王为天子。其后世贬帝号，号为王。而封殷后为诸侯，属周。

——司马迁

周武王的父亲。❹ **卒**：死去。❺ **盟津**：即孟津，古黄河渡口名。❻ **殷**：商朝。商朝曾迁都于殷。❼ **距**：同"拒"，抵抗。❽ **牧野**：地名，在今河南。❾ **鹿台**：商纣王所建的宫苑建筑。❿ **衣**：穿上。⓫ **县**：同"悬"，悬挂。⓬ **妲己**：纣王的宠妃。⓭ **箕子**：纣王的叔父，因劝谏纣王而被囚禁。⓮ **比干**：纣王的叔父，因劝谏纣王被杀。⓯ **表商容之闾**：表，表彰，表扬；商容，纣王时有名的贤臣，曾多次劝谏纣王；闾，里巷，邻里。

译文

西伯侯姬昌死后，周武王率军东征，到达盟津时，诸侯背叛殷纣前来与武王会师的有八百个。周武王就率领诸侯讨伐殷纣。纣王派出军队在牧野进行抵抗。甲子那一天，纣王的军队被打败了。纣王逃进内城，登上鹿台，穿上他的宝玉衣，赴火自焚而死。周武王于是砍下他的头，挂在白旗竿上示众。周武王又处死了妲己，释放了箕子，修缮了比干的坟墓，表彰了商容所住的里巷。于是，周武王成了天子。因为后世人贬低"帝"这个称号，所以称他为"王"。封殷的后代为诸侯，隶属于周。

链接

明朝小说家许仲琳（一说为陈仲琳）以武王伐纣为历史背景，创作了一部长篇神话小说《封神演义》。《封神演义》全书有一百回，前三十回着重写了纣王的暴虐、姜子牙的归隐、武王得姜子牙辅佐等。后七十回主要写商、周之间的战争。这部小说表现了作者对于贤能君主的赞颂，以及对暴虐昏君的反抗。

烽火戏诸侯

褒姒①不好笑，幽王②欲其笑万方③，故④不笑。幽王为烽燧大鼓，有寇⑤至则举⑥烽火。诸侯悉至⑦，至而无寇，褒姒乃大笑。幽王说⑧之，为数举烽火。其后不信，诸侯益亦不至。幽王以虢石父为卿⑨，用事⑩，国人⑪皆怨。石父为人佞巧善谀好利，王用之。又废申后⑫，去太子也。申侯⑬怒，与缯⑭、西夷⑮犬戎⑯攻幽王。幽王举烽火征兵，兵莫至。遂杀幽王骊山下，虏⑰褒姒，尽取周赂⑱而去。

——司马迁

注释

❶ **褒姒**：周幽王第二任王后。❷ **幽王**：西周第十二任君主，也是亡国之君。❸ **万方**：一万种方法，形容用了很多的方法。❹ **故**：一直，总是。❺ **寇**：贼寇，敌人。❻ **举**：点起。❼ **悉至**：都到了。悉，都，全。❽ **说**：同"悦"。❾ **卿**：卿大夫，高级官员。❿ **用事**：指当权执政。⓫ **国人**：

住在国都里的人。⓬ **申后**：指王后申氏。此处指幽王废黜了申氏，封褒姒为后。⓭ **申侯**：王后申氏的父亲。⓮ **缯**：缯国，周朝的一个封国。⓯ **西夷**：西方的夷族。夷，古时对少数民族的贬称。⓰ **犬戎**：西方的少数民族部落。⓱ **虏**：同"掳"，抢掠、抢走。⓲ **赂**：财物。

译文

　　褒姒不喜欢笑。幽王想尽了一切办法逗她笑，褒姒就是不笑。于是幽王在晚上点燃烽火并捶鼓，烽火点燃则代表有敌人来袭。看见烽火，诸侯都带兵赶来，却没有发现敌人，褒姒见此情景于是大笑起来。幽王很高兴，就为褒姒多次点起烽火。诸侯后来都不信了，也就不再来了。幽王任用虢石父为卿大夫，主持国政，国人都很怨恨。虢石父为人能说会道，喜欢阿谀奉承，贪图财利，幽王却重用他。幽王又废黜了申王后和太子。王后的父亲申侯发了怒，联合缯国和西夷的犬戎出兵攻打幽王。幽王这时点起烽火，征召诸侯的军队来抵抗，但诸侯的军队都没有来。于是，他们把幽王杀死在骊山下，掳走了褒姒，将周人的财物抢掠一空。

商鞅①变法

孝公②既用卫鞅，以卫鞅为左庶长，卒定变法之令。令民为什伍，而相牧司③连坐④。不告奸者腰斩，告奸者与斩敌首同赏，匿奸者与降敌同罚。民有二男以上不分异⑤者，倍其赋。有军功者，各以率⑥受上爵；为私斗者，各以轻重被刑大小。僇⑦力本业，耕织致粟帛多者复⑧其身。事末利⑨及怠而贫者，举以为收孥⑩。宗室非有军功论，不得为属籍。明尊卑爵秩等级，各以差次⑪名田宅，臣妾衣服⑫以家次。有功者显荣，无功者虽富无所芬华。

——司马迁

监督、告发。❹ **连坐**：因他人犯罪，而与犯罪者有一定关系的人连带受刑。❺ **异**：分别，分开。此指分财而居，自立门户。❻ **率**：一定的标准或比率。❼ **僇**：尽力，合力。❽ **复**：免除。❾ **事末利**：指从事工商业，当时这是末业，而农桑耕织才是本业。❿ **孥**：通"奴"，作为奴隶。⓫ **差次**：分别等级次序。⓬ **臣妾衣服**：家臣奴婢的衣裳、服饰。

译文

孝公任用卫鞅后，紧接着任命卫鞅为左庶长，最终制定了变更成法的命令。下令把十家编成一什，五家编成一伍，互相监视检举，一家犯法，十家连带治罪。不告发奸恶的处以拦腰斩断的刑罚，告发奸恶的与斩敌首级的同样受赏，藏匿奸恶的人与投降敌人的同样惩罚。一家有两个以上的壮丁不分居的，赋税加倍。有军功的人，各按标准升爵受赏；为私事争斗的，按情节轻重分别处以大小不同的刑罚。致力于农业生产，让粮食丰收、布帛增产的免除自身的劳役赋税。因从事工商业或懒惰而贫穷的，把他们的妻子全都没收为官奴。王族里没有军功的，不能列入家族的名册。明确尊卑爵位等级，各自按等级差别占有土地、房产，家臣奴婢的衣裳、服饰，按各家爵位等级决定。有军功的显赫荣耀，没有军功的即使很富有也不能显荣。

访古

什伍连坐法

战国时秦国实行的一种连坐制度。"什伍"是古代户籍与军队的编制。户籍以五家为伍，十家为什；军队以五人为伍，二伍为什。商鞅在秦国变法，始创什伍连坐法。什伍之中，一家有罪，其余各家都应告发，否则将一起受到惩罚。

赤壁之战

时操[1]军众，已有疾疫。初[2]一交战，操军不利，引[3]次[4]江北。瑜[5]等在南岸，瑜部将黄盖[6]曰："今寇众我寡，难与持久。操军方连船舰，首尾相接，可烧而走也。"乃取艨艟[7]斗舰十艘，载燥荻[8]、枯柴，灌油其中，裹以帷幕，上建旌旗，豫备走舸[9]，系于其尾。先以书遗操，诈云欲降。时东南风急，盖以十舰最著前，中江[10]举帆，余船以[11]次俱进。操军吏士皆出营立观，指言[12]盖降。去[13]北军[14]二里余，同时发火，火烈风猛，船往如箭，烧尽北船，延及[15]岸上营落[16]。顷之[17]，烟炎[18]张[19]天，人马烧溺死者甚众。

——《资治通鉴》[20]

注释

❶ **操**：指曹操。三国时期魏国奠基者。❷ **初**：刚开始。❸ **引**：向后退。
❹ **次**：驻扎。❺ **瑜**：指周瑜。东吴名将。❻ **黄盖**：周瑜部下的名将。
❼ **艨艟**：古代的战船名。❽ **荻**：草本植物，生于水边，与芦苇相似。
❾ **走舸**：轻快的小船。❿ **中江**：江心。⓫ **以**：介词，按照。⓬ **指言**：
指点，谈论。⓭ **去**：离。⓮ **北军**：指曹军。⓯ **及**：介词，到。⓰ **营落**：
营盘，军营。⓱ **顷之**：一会儿。之，助词。⓲ **炎**：通"焰"，火焰。
⓳ **张**：通"涨"。⓴ **《资治通鉴》**：由北宋司马光主编的一部编年体
史书，以时间为纲，事件为目，涵盖了一千多年的历史。

译文

　　这时曹操军中的士兵们已经有流行病。刚一交战，曹操的军队就
失利，后退到江北驻扎。周瑜的军队驻扎在南岸，周瑜部下的将领黄
盖说："现在敌多我少，很难同他们持久对峙。曹操的军队正好把战船
连在一起，首尾相接，可以用火烧来击退他们。"于是调拨大小十只
战船，装满干苇和枯柴，在里面灌上油，裹上帷帐，上面竖起旗帜，
预备好轻快小船，系在战船的尾部。先送信给曹操，假称要投降。当
时东南风刮得正急，黄盖让那十艘船行驶在最前面，到江中间时升起
船帆，其他船按照顺序依次前进。曹操军中的将领、士兵都走出营房
站在那里观看，指着那些船说黄盖来投降了。在离曹操军队二里多远时，
黄盖的各船同时点起火来，火势很旺，风势很猛，船只往来像箭一样，
把曹操的战船全部烧着，而且蔓延到岸上的军营。一会儿，烟火满天，
人马被烧死和淹死的有很多。

链接

　　赤壁之战是东汉末年孙权、刘备联军于建安十三年（208年）在长
江赤壁（今湖北省赤壁市西北）一带大破曹操大军的战役。孙权的部
下黄盖在这一场大战中起到了举足轻重的作用。赤壁之战是中国历史
上以少胜多、以弱胜强的著名战役之一，奠定了三国鼎立的基础。

中国历史朝代顺序表

夏朝：约前 2070 —前 1600 年，建立者为夏禹。

商朝：前 1600 —前 1046 年，建立者为商汤。

西周：前 1046 —前 771 年，建立者为周武王姬发。

东周：前 770 —前 256 年，建立者为周平王姬宜臼。

秦朝：前 221—前 206 年，建立者为秦始皇嬴政。

西汉：前 206—公元 25 年，建立者为汉高祖刘邦。

东汉：25—220 年，建立者为光武帝刘秀。

三国：220 —280 年，魏、蜀汉、吴三国鼎立。

西晋：265—317 年，建立者为司马炎。

东晋：317—420 年，建立者为司马睿。

南北朝：420 —589 年。

隋朝：581— 618 年，建立者为隋文帝杨坚。

唐朝：618— 907 年，建立者为唐高祖李渊。

五代：907—960 年，分别为后梁、后唐、后晋、后汉、后周，此时还先后存在过一些地方封建割据政权，历史上叫作"十国"。

北宋：960 —1127 年，建立者为赵匡胤。

南宋：1127—1279 年，建立者为赵构。

元朝：1271—1368 年，建立者为元世祖忽必烈。

明朝：1368—1644 年，建立者为明太祖朱元璋。

清朝：1616—1911 年，建立者为清太祖爱新觉罗·努尔哈赤。

文苑小憩

古文游戏

一、下列朝代按时间先后顺序排列不正确的是（　　　　）。

    A. 夏商秦汉晋

    B. 唐宋元明清

    C. 梁唐晋汉周

    D. 夏商周秦汉

二、中华民族是一个大家庭。在古代，除了汉族以外，还有很多少数民族也建立过政权。请将下列少数民族和他们所建立的政权连线。

党项族　　　　　　北魏

蒙古族　　　　　　辽

契丹族　　　　　　元

女真族　　　　　　西夏

鲜卑族　　　　　　金

成语收藏夹

阿谀奉承：阿谀，为讨好别人而说好听的话。奉承，恭维别人。指说好听的话迎合、讨好别人。

    造句：阿谀奉承是他的惯用手段。

首尾相继：指前后接连不断。

    造句：军队首尾相继，长达几十里。

韩信①忍辱

淮阴②侯韩信者，淮阴人也。始为布衣时，贫无行③，不得推择为吏，又不能治生商贾④，常从人寄食饮⑤，人多厌之者。

信钓于城下，诸母漂⑥，有一母见信饥，饭信⑦，竟漂数十日。信喜，谓漂母曰："吾必有以重报母。"母怒曰："大丈夫不能自食，吾哀王孙⑧而进食，岂望报乎！"

淮阴屠中⑨少年有侮信者，曰："若虽长大⑩，好带刀剑，中情⑪怯耳。"众辱⑫之曰："信能死⑬，刺我；不能死，出我胯下⑭。"于是信孰视之⑮，俛⑯出胯下，蒲伏。一市人皆笑信，以为怯。

——司马迁

注释

❶**韩信**：西汉开国功臣，军事家。❷**淮阴**：地名。❸**贫无行**：贫穷

且无好品行。❹**治生商贾**：经商谋生。❺**寄食饮**：寄居在别人家里白吃白喝。❻**漂**：指漂洗丝绵。❼**饭信**：给韩信饭吃。这里的"饭"是名词用作动词。❽**王孙**：公子王孙。这是对韩信的尊称。❾**屠中**：屠宰市场。❿**若虽长大**：你虽然身高体壮。若，你。长大，身长体大。⓫**中情**：内心。⓬**众辱**：当众污辱。⓭**能死**：不怕死。⓮**袴下**：袴，同"胯"，两腿之间。⓯**孰视之**：仔细地看了看他。孰，同"熟"。⓰**俛**：同"俯"，俯下。

译文

　　淮阴侯韩信，是淮阴人。当初他还是平民百姓时，很贫穷又没有好品行，得不到推举去做官，又不能经商谋生，经常寄居在别人家白吃白喝，人们大多厌恶他。

　　韩信在城下钓鱼，有几位大娘在漂洗丝绵，其中一位大娘见韩信饿了，就拿来饭给韩信吃。这样连着几十天，直到漂洗完毕。韩信很高兴，对那位大娘说："我一定会重重地报答您。"大娘生气地说："男子汉不能养活自己，我是可怜你这位公子才给你饭吃，哪里是希望你报答呢？"

　　淮阴屠宰市场里有个年轻人侮辱韩信，说："你虽然长得高大，喜欢带刀佩剑，其实是个胆小鬼罢了。"又当众侮辱他说："你要不怕死，就拿剑刺我；如果怕死，就从我胯下爬过去。"于是韩信仔细地打量了他一番，俯下身去，趴在地上，从他的胯下爬了过去。集市上的人都笑话韩信，认为他胆小怕事。

链接

　　韩信跟随刘邦打败了项羽，之后刘邦封韩信做了楚王。韩信回到故乡，把曾经分给他饭吃的那位漂母接到自己的王宫里来，赐给她许多财物。他还召见了那个让自己从他胯下爬过去的年轻人，任用他做了中尉，并告诉他的属下们说："这是一位壮士。当年他侮辱我的时候，我本可以一刀杀掉他，但那只能算是匹夫之勇。我正是因为忍受了一时的侮辱，才成就了今天的功业。"

霍去病①

去病为人少言不泄②，有气敢往③。上尝欲教之吴孙兵法④，对曰："顾方略⑤何如耳，不至学古兵法。"上为治第⑥，令视之，对曰："匈奴不灭，无以家为也。"由此上益重爱之。

——《汉书》

注释

❶ **霍去病**：西汉名将，杰出的军事家，官至大司马骠骑将军，封冠军侯。❷ **少言不泄**：寡言少语，能保守秘密。❸ **有气敢往**：有勇气，敢担当。❹ **吴孙兵法**：吴起和孙武的兵法。吴起、孙武都是春秋战国时期的著名军事家。❺ **方略**：谋略。❻ **治第**：建设府邸。

译文

霍去病为人少言辞，不泄露秘密，有勇气，敢做敢当。武帝曾想教他学习吴起、孙武的兵法，他回答说："看谋略怎样打仗罢了，不必学习古代兵法。"武帝替他建了一座宅第，让他看看，他回答说："匈奴不消灭，没有心思顾家。"从此武帝更加重视爱惜他。

链接

霍去病是名将卫青的外甥，他用兵灵活，注重方略，不拘古法，善于长途奔袭、快速突袭和大迁回、大穿插等战术。17岁时，他率领八百骑兵深入大漠作战，两次取得首功，封冠军侯。19岁时，他指挥了两次河西之战，歼灭和招降了匈奴近10万人。后来，他又在漠北之战中消灭了匈奴数万人。

卫青①

元朔②之五年春，汉令车骑将军青将三万骑③，出高阙④。匈奴⑤右贤王当卫青等兵，以为汉兵不能至此，饮醉。汉兵夜至，围右贤王，右贤王惊，夜逃，独与其爱妾一人壮骑数百驰，溃围北去。汉轻骑校尉郭成等逐数百里，不及⑥，得右贤裨王⑦十余人，众男女万五千余人，畜数千百万，于是引兵而还。至塞，天子使使者⑧持大将军印，即军中拜车骑将军青为大将军，诸将皆以兵属大将军，大将军立号而归。

——司马迁

注释

❶ **卫青**：字仲卿，西汉时期名将、军事家，官至大司马大将军，封长平侯。❷ **元朔**：汉武帝年号。❸ **将三万骑**：率领三万骑兵。将，率领。❹ **高阙**：地名。阴山山脉在内蒙古巴彦淖尔市杭锦后旗西北有一缺口，形状像门阙，因此得名。❺ **匈奴**：古代蒙古高原游牧民族，兴起于今内蒙古阴山山麓。❻ **不及**：没有追上。❼ **裨王**：偏王，王爵的下一级。❽ **使使者**：派使者。第一个"使"是动词，委派的意思。

译文

　　元朔五年（公元前 124 年）春天，朝廷命令车骑将军卫青率领三万骑兵，从高阙出兵。匈奴右贤王负责抵挡卫青等人的大兵，认为汉朝军队不可能到达这里，就喝起酒来。晚上，汉军到来，包围了右贤王。右贤王大惊，连夜逃跑，独自和他的一个爱妾以及几百个精壮骑兵，急驰突围，向北而去。汉朝的轻骑校尉郭成等追赶了几百里，没有追上。汉军捕获了右贤王的偏王十多人，男女民众一万五千余人，牲畜数千百万头，于是卫青便领兵回去。卫青的军队走到边塞，武帝派遣使者拿着大将军的官印，随即在军中任命车骑将军卫青为大将军，其他将军都率兵隶属于大将军卫青，大将军确立名号，班师回朝。

链接

　　匈奴是秦末汉初称雄中原以北的游牧民族。匈奴在西汉前期强大起来，控制了西域，并多次进犯西汉边境，对西汉政权造成了极大的威胁。后匈奴被汉武帝所败，退居漠北，又因内部纷争而分裂。

岳 飞①

飞至孝，家无姬侍②。吴玠③素服飞，愿与交欢④，饰名姝遗之⑤。飞曰："主上宵旰⑥，岂大将安乐时？"却⑦不受，玠益敬服。师每休舍⑧，课⑨将士注坡跳壕⑩，皆重铠习之。卒有取民麻一缕以束刍⑪者，立斩以徇⑫。卒夜宿，民开门愿纳，无敢入者。军号"冻死不拆屋，饿死不卤掠"。卒有疾，躬为调药；诸将远戍，遣妻问劳其家；死事者哭之而育其孤。凡有颁犒⑬，均给军吏，秋毫不私。

——《宋史》⑭

注释

❶岳飞：南宋抗金名将。❷姬侍：婢女侍奉。❸吴玠：字晋卿，与岳飞同时期的南宋名将。❹交欢：结交，成为朋友。❺饰名姝遗之：打扮美女送给他。饰，装饰，打扮。姝，女子。遗，送给。之，他，

指岳飞。❻**宵旰**：宵衣旰食的简称。即天未亮就起床穿衣，天黑了才吃饭。❼**却**：推却，拒绝。❽**师每休舍**：军队每次休整。师，军队。❾**课**：督促。❿**注坡跳壕**：指军事训练内容。注坡，从斜坡上急驰下去。跳壕，跃过壕沟。⓫**束刍**：捆绑草料。⓬**徇**：本意是指迅速，敏捷，引申义是对众宣示。⓭**颁犒**：赏赐犒劳。⓮**《宋史》**：由元朝脱脱等人修撰的记录宋朝历史的史书，"二十四史"之一。

译文

　　岳飞非常孝顺，但家中没有婢女侍候。吴玠一直很佩服岳飞，想与岳飞结交，就打扮了美女送给他。岳飞说："皇上天不亮就穿衣起床，天晚了才吃饭歇息，难道现在是将领享受安乐的时候吗？"推辞不肯接受。吴玠更加佩服他了。每当军队休整，岳飞就督促将士爬斜坡、跳壕沟，都让他们穿着很重的铠甲练习。士兵只要夺取老百姓的一根麻绳绑草料，就立刻斩首示众。士兵夜里宿营，老百姓开门表示愿意接纳，但是没有敢擅入的。岳家军号称"宁可冻死，也不拆老百姓的屋子烧火取暖；宁可饿死，也不抢老百姓的粮食充饥"。士兵生病了，岳飞亲自为其调药；将士远征，岳飞的妻子去慰问他们的家人；有战死的，岳飞为他流泪悲痛，并且抚育他的孤儿。只要朝廷有赏赐犒劳，岳飞都分给手下的官兵，一丝一毫也不私自占有。

诗词

满江红

[宋] 岳 飞

怒发冲冠，凭栏处、潇潇雨歇。

抬望眼，仰天长啸，壮怀激烈。

三十功名尘与土，八千里路云和月。

莫等闲，白了少年头，空悲切！

靖康耻，犹未雪。

臣子恨，何时灭！

驾长车，踏破贺兰山缺。

壮志饥餐胡虏肉，笑谈渴饮匈奴血。

待从头、收拾旧山河，朝天阙。

戚继光 ①

戚继光，字元敬。继光幼倜傥负奇气②。家贫，好读书，通经史大义。嘉靖③中嗣职④，用荐擢⑤署都指挥佥事⑥，备倭⑦山东。改佥浙江都司，充参将，分部宁、绍、台三郡。

三十六年⑧，倭犯乐清、瑞安、临海，继光至浙时，见卫所军不习战，而金华、义乌俗称慓悍⑨，请召募三千人，教以击刺法，长短兵迭用，由是继光一军特精。又以南方多薮泽⑩，不利驰逐，乃因地形制阵法，审步伐便利，一切战舰、火器、兵械精求而更置之。"戚家军"名闻天下。

——《明史》⑪

注释

❶ 戚继光：明朝抗倭名将，民族英雄。❷ 倜傥负奇气：洒脱且气度不凡。❸ 嘉靖：明朝第十一位皇帝明世宗朱厚熜的年号。❹ 嗣职：

继承父亲的职位。❺ **用荐擢**：被推荐提拔。❻ **都指挥佥事**：明代军事指挥职务。❼ **备倭**：防备倭寇。倭，中国古代称日本为倭国。❽ **三十六年**：嘉靖三十六年，即公元1557年。❾ **慓悍**：敏捷而勇猛。❿ **薮泽**：指水草茂密的沼泽湖泊地带。⓫**《明史》**：一部纪传体断代史，记载了从明太祖到明思宗二百多年的历史，"二十四史"中的最后一部。

译文

戚继光，字元敬。戚继光少年时就很洒脱且气度不凡。他家中穷困，喜爱读书，通晓经史的要旨。嘉靖中期继承了他父亲的武职，经人推荐被提拔为代理都指挥佥事，在山东防御倭寇。后改佥浙江都司衔，担任参将，分管宁波、绍兴、台州三郡。

嘉靖三十六年（1557），倭寇侵犯乐清、瑞安、临海，戚继光到浙江时，看到防区的军队疏于训练，不擅长战斗，而金华、义乌的人素有剽悍之称，于是请准招募三千人，教他们攻击、刺杀的方法，长短兵器轮番使用，因此戚继光这支部队特别精锐。又因为南方沼泽地很多，不利于骑马追逐，于是按照地形制成阵法，考虑步行作战的方便，所有战舰、火药武器、兵械，都精心研制然后加以更换。由此，"戚家军"天下闻名。

链接

倭寇，是指14—16世纪劫掠我国沿海的日本海商与海盗集团，因我国古籍中称日本为倭国，故称"倭寇"。

14世纪时期，日本国内发生战乱，一部分在战争失败的武士成为"浪人"，他们与活跃在中日之间从事走私贸易的日本商人勾结，在中国沿海地区进行走私、抢劫。明朝永乐年间曾对倭寇进行过一次打击，使倭寇势力有所衰减。然而，随着日本国内战乱的加剧，更兼一部分日本封建领主的支持，倭寇对中国进行的海盗活动又开始猖獗。此时，明朝政府日趋腐败，国力衰退，军队战斗力大幅下降，同时，又采取了错误的"海禁"政策，致使国内的土豪、奸商、流氓、海盗也与倭寇勾结，在沿海地区烧杀抢掠，倭患愈演愈烈。明朝曾多次委派官吏经营海防，都因朝政腐败而成效甚微。后经名将谭纶、戚继光、俞大猷等多年征战，直到16世纪60年代中期，倭患才逐渐平息。

植树节

　　我国的植树节在每年的 3 月 12 日，植树节是按照法律规定宣传保护树木，并组织动员人民植树造林的节日。

　　我国古代就有植树的传统。南北朝时期有一位名将，叫韦孝宽，他最早在路旁植树。古时，官道上每隔一段路便有一个土台作为标记，用以计算道路的里程，相当于现在的里程碑。韦孝宽在地方上任后，发现土台受雨水冲刷，很容易崩塌，需要经常进行维修，这不但增加了国家的开支，也使百姓遭受劳役之苦。韦孝宽经过调查了解之后，下令在地方境内所有官道上设置土台的地方，一律改种槐树，取代土台。这些树木，不仅有标记和计程的作用，还能为往来行人遮风挡雨，且不需要修补。韦孝宽的这个做法，减轻了百姓的负担，利国利民。

　　树木对于地球的生态环境和人类的生存起着非常重要的作用。植树造林不仅可以绿化和美化家园，还可以扩大山林资源、防止水土流失、调节气候、促进经济发展等。如今，世界上很多国家都设立了植树节。

文苑小憩

古文游戏

一、猜谜语。（打树名）

1. 头上长着千条辫，迎风摆舞在岸边。

   谜底：＿＿＿＿＿＿＿＿＿

2. 号称木中王，树干冲天长，叶儿尖似针，造屋好做梁。

   谜底：＿＿＿＿＿＿＿＿＿

3. 铜盆粗棵树，芝麻大点叶，叶上结果，果上开裂。

   谜底：＿＿＿＿＿＿＿＿＿

4. 打起高柄伞，穿起麻布衣，生来不怕热，为何脱我衣。

   谜底：＿＿＿＿＿＿＿＿＿

二、看图识字。汉字是从图画起源的，但同时，汉字也可以来作画哟。

   下面是美术家设计的几幅图画，你能看出来是由哪些字组成的吗？

乐羊子妻
yuè yáng zǐ qī

羊子尝行路，得遗金一饼，还①以与妻。妻曰："妾闻志士不饮盗泉之水②，廉者不受嗟来之食③，况拾遗求利，以污其行乎！"羊子大惭，乃捐④金于野，而远寻师学。

——范晔⑤

注释

❶**还**：回到家里。❷**志士不饮盗泉之水**：相传孔子过盗泉，口渴不饮，只因讨厌其泉名。这句话表示坚守节操，不污其行。❸**嗟来之食**：指侮辱性的施舍。❹**捐**：丢弃。❺**范晔**：南朝宋的史学家、文学家。著有《后汉书》，其与《史记》《汉书》《三国志》合称前四史。

译文

　　乐羊子曾经在路上行走时，捡到别人丢失的一块金子，拿回家把金子给了妻子。妻子说："我听说有志气的人不喝盗泉的水，廉洁的人不接受侮辱性的施舍，何况是捡拾别人的失物谋求私利，来玷污自己的品德呢！"羊子听后十分惭愧，就把金子扔到野外，然后远离家乡拜师求学去了。

　　乐羊子外出求学，一年后就回来了。他的妻子询问他为什么回来。乐羊子说："只是因为出门在外太久，想念家人，其他没有什么事。"妻子听后，就拿起刀快步走到织机前，说道："这些丝织品都是从蚕茧中抽出来的，又在织机上织成。一根丝一根丝地积累起来，才有一寸长，一寸一寸地加起来，才能织成几丈长的布匹。现在如果割断这些正在织着的丝织品，那就无法成功织出布匹，白白荒废掉了之前的时光。你积累学问，就应当每天都学到自己不懂的知识，以此来成就自己的美德；如果中途就回来了，那和切断的丝织品有什么不同呢？"乐羊子被妻子的话点醒了，又重新回去完成了学业。

教子
jiào zǐ

齐朝有一士大夫，尝谓吾曰：“我有一儿，年已十七，颇晓书疏①，教其鲜卑语及弹琵琶，稍欲通解，以此伏事②公卿，无不宠爱，亦要事也。”吾时俛③而不答。异哉，此人之教子也！若由此业，自致卿相，亦不愿汝曹为之。

——颜之推④

注释

❶ 书疏：指文书信函等的书写工作。❷ 伏事：服侍。伏，通“服”。
❸ 俛：同“俯”，低头。❹ 颜之推：南北朝时期文学家、教育家。著有《颜氏家训》，此书是一部系统、完整的家庭教育教科书，书中记述了自己关于立身、治家、处世、为学的经验。

译文

　　齐朝有位士大夫，曾经对我说：“我有个儿子，已经十七岁了，很会书写公文，教他说鲜卑语或弹奏琵琶，他慢慢地也快掌握了，他用这些本领来侍奉王公贵族，没有不宠爱他的，这也是一件重要的事啊。”我当时低头不语，没有回答。这个人教育孩子的方法，真让人诧异啊！

如果凭这些本领去取悦他人，即使能够官至宰相，我也不希望你们这样做。

链接

　　欧阳修的母亲是一个意志坚强的人。她家穷志不穷，靠自己辛勤劳动，一手把欧阳修抚养大。欧阳修五六岁时，他的母亲就教他读书识字，教他做人的道理。没钱买纸笔，她就用芦秆代替，把沙铺在地上当纸，一笔一画教欧阳修写字。她还经常告诫欧阳修，人不要贪财图利，要孝敬长辈，要有一颗善良的心。欧阳修也遵从母亲的教导，做一个品德高尚的人。后来，欧阳修做了官，任参知政事。庆历三年，他因支持范仲淹推行新法被贬职。欧阳修的母亲说："为正义被贬职，不能说不光彩。我们家过惯了贫寒的生活，但只要你思想上不贫瘠，精神不衰，我就高兴。"

孟母三迁

孟子[1]之少也，嬉游为墓间之事，踊跃筑埋。孟母曰："此非吾所以居处子也。"乃去，舍[2]市傍。其嬉戏为贾人[3]衒卖[4]之事。孟母又曰："此非吾所以居处子也。"复徙[5]舍学宫之傍。其嬉游乃设俎豆[6]，揖让[7]进退。孟母曰："真可以居吾子矣。"遂居之。

——刘　向[8]

注释

❶孟子：名轲，字子舆，战国时期伟大的思想家、教育家，儒家代表人物，与孔子并称"孔孟"。**❷舍：**家。**❸贾人：**商贩。**❹衒卖：**沿街叫卖。**❺徙：**迁移。**❻俎豆：**古代祭祀宴饮用的两种礼器，此处指祭礼仪式。**❼揖让：**宾主相见的礼节。**❽刘向：**西汉文学家，编有《说苑》一书。

　　孟子小时候，因为居住的地方离墓地很近，孟子学了些祭拜之类的事，玩起了办理丧事的游戏。他的母亲说："这个地方不适合我的孩子居住。"于是离开了，将家搬到集市旁。孟子又学了一些做买卖、沿街叫卖的事。孟母又说："这个地方不适合我的孩子居住。"又将家搬到学堂旁边。孟子学会了祭祀礼仪、作揖逊让、进退法度这类礼仪方面的学问。孟母说："这才是适合我的孩子居住的地方。"于是就在这里定居下来了。

访古

古代四大贤母

　　孟母仉氏：孟子的母亲，曾三迁住所，只为儿子选择好的教育环境。

　　修母郑氏：欧阳修的母亲，因家里贫困，用芦秆在地上书写，教儿子认字。

　　岳母姚氏：岳飞的母亲，主动鼓励儿子从军。为了让儿子铭记"精忠报国"的训诫，她用针把这四个字刺在儿子的背上。

　　陶母湛氏：陶侃的母亲，教育儿子结交好的朋友、懂得清廉。

诫子书

夫①君子②之行，静以修身，俭以养德。非淡泊无以明志，非宁静无以致远③。夫学须静也，才须学也，非学无以广才④，非志无以成⑤学。淫慢⑥则不能励精，险躁⑦则不能治性。年与时驰⑧，意与日去⑨，遂⑩成枯落⑪，多不接世⑫，悲守穷庐，将复何及！

——诸葛亮

注释

❶ 夫：助词，用于句首，引出下文的议论。❷ 君子：品德高尚的人。
❸ 致远：达到远大目标。致，达到。❹ 广才：增长才干。❺ 成：达成，成就。❻ 淫慢：放纵懈怠。淫，放纵。慢，懈怠。❼ 险躁：轻薄浮躁。险，轻薄。❽ 驰：疾行，指迅速逝去。❾ 去：消失，逝去。❿ 遂：于是，就。⓫ 枯落：凋落，衰残。比喻人年老志衰，没有用处。⓬ 接世：接触社会，承担事务，对社会有益。

译文

君子的行为操守，是以宁静来提高自身的修养，以节俭来培养自己的品德。不恬静寡欲无法明确志向，不排除外来干扰无法达到远大目标。学习必须静心专一，而才干来自学习，所以不学习就无法增长才干，没有志向就无法在学习上有所成就。放纵懈怠就无法振奋精神，轻薄浮躁就不能修养性情。年华随时光而逝去，意志随岁月而流逝，最终凋落衰残，大多对社会没有任何贡献，只能悲哀地坐守着那穷困的居舍，即使悔恨又怎么来得及！

拾趣

刘备三顾茅庐请动诸葛亮出山之后，就整日同他讨论天下大事，把他当作老师。关羽、张飞看在眼里，很不痛快，就对刘备说："诸葛亮年纪轻轻，有什么才学？大哥你对他实在是好过头了！"刘备劝解道："我得到诸葛亮，如鱼得水，两位弟弟不用再多说了。"后来，诸葛亮随刘备出征，曹操派了十万大军前来。刘备叫来关、张二人商议迎敌，张飞赌气地说："让他诸葛亮去吧！"刘备说："智谋靠诸葛亮，勇武得靠两位贤弟，你们怎么可以推诿呢？"后来刘备叫诸葛亮指挥作战，诸葛亮设计打败曹兵，打了一场漂亮的胜仗，让关、张佩服不已，从此他们心悦诚服地听从诸葛亮的调遣。

曾参① 烹彘②

曾子之妻之市，其子随之而泣。其母曰："女③还，顾④反⑤为女杀彘。"适⑥市来，曾子欲捕彘杀之。妻止之曰："特⑦与婴儿戏耳。"曾子曰："婴儿非与戏也。婴儿非有知也，待父母而学者也，听父母之教。今子欺之，是教子欺也。母欺子，子而不信其母，非以成教也。"遂烹彘也。

——《韩非子》⑧

注释

❶ 曾参：指曾子，字子舆，春秋末年鲁国人，孔子弟子之一。❷ 彘：猪。❸ 女：通"汝"。❹ 顾：回来。❺ 反：通"返"，返回。❻ 适：刚刚，才。❼ 特：只，不过。❽《韩非子》：后人收集整理战国末期的思想家韩非所著的文章而编纂成的书，其中宣扬的法治思想，为封建君主专制制度提供了理论依据。

译文

曾子的妻子要到集市去，她的儿子紧跟着她哭泣。妻子对儿子说："你先回去，等我回家后为你杀一头猪。"妻子刚从集市上回来，曾子就打算抓猪来杀。妻子制止他，说："我不过是和小孩子开个玩笑罢了。"曾子说："不能和小孩子闹着玩儿。小孩子没有什么判断力，只会照着父母的样子学，一切都听从父母的教诲。现在你欺骗他，是在教他骗人。母亲欺骗儿子，儿子就不会相信自己的母亲，这不是把孩子教育好该用的办法。"于是，曾子就把猪杀了煮给孩子吃。

拾趣

曾子是孔子的弟子。有一次，他在孔子身边侍坐，孔子问他："以前的圣贤之王有至高无上的德行、精要奥妙的理论，用它们来教导天下之人，人们就能和睦相处，君王和臣子之间也没有不满，你知道这是为什么吗？"曾子听了，明白老师是要指点他最深刻的道理，于是立刻从坐着的席子上站起来，走到席子外面，恭恭敬敬地回答道："我不够聪明，哪里能知道？还请老师把这些道理教给我。"

汉字造字法

汉字造字或者构造方式有象形、指事、会意、形声、假借和转注六种，古代称为"六书"。其中，前四种是造字的方法，后两种是用字的方法。

一、象形

通过描摹事物形态来表达词义。如：⊙（日）、☽（月）。

二、指事

有些事物或者意思不方便用具体形象画出来，就用一种抽象的符号来表示。大多数指事字是在象形字的基础上添加、减少笔画或符号，来表示新的意义。如：刀（刃）、旦（旦）。"刃"是在刀上加一点，来表示刀锋。"旦"字就像刚刚从地平线上升起来的太阳。

三、会意

组合两个或者两个以上的字，来表示一个新的意义，这种造字的方法叫作"会意"。如：从（从）、安（安）。"从"，表示一个人紧跟着另一个人。"安"，女在"宀"下，表示没有危险。

四、形声

形声是将形符和声符两部分组合起来造字，形符表示意义，声符表示读音。汉字绝大部分都是形声字，如左形右声：描、城；左声右形：功、郊；上形下声：芳、岗；等等。

五、转注

归于同一部类的字，它们的字义可以相互解释，这种用字方法被称作"转注"。转注的字一般为同义词，如，"考"和"老"都属于"老"部，它们的读音相似，意义也大致相同，"考"为"老"的转注字。

六、假借

借用已有的字来表示一个新的意义。古时候，语言中的某个"词"，本来没有替它造字，只是依照它的声音"假借"一个"同音字"来寄托这个"词"的意义。如"难"原本是鸟名，借为"艰难"的难。

文苑小憩

古文游戏

一、看看以下这些字，分别属于六书中的哪一类。

1. 目（　　　　）   2. 疫（　　　　）   3. 末（　　　　）

4. 宿（　　　　）   5. 孝（　　　　）   6. 本（　　　　）

7. 册（　　　　）   8. 落（　　　　）   9. 群（　　　　）

10. 子（　　　　）   11. 自（　　　　）   12. 夫（　　　　）

13. 朱（　　　　）   14. 犬（　　　　）   15. 亦（　　　　）

二、选择题。

1. 下列四组字中（　　　）组全是象形字。

   A. 瓜相它水   B. 肉舟奔虎

   C. 贫燕龟免   D. 网豆贝自

2. 下列四组字中（　　　）组全是指事字。

   A. 刃末本三   B. 旦果水上

   C. 巢二立下   D. 斤束亦字

3. 下列四组字中（　　　）组全是会意字。

   A. 果棘牧信   B. 巢枣取武

   C. 友从看逐   D. 旦珏品囚

4. 下列四组字中（　　　）组全是形声字。

   A. 牢涓祭邓   B. 莫洛缸悲

   C. 淮江贡斐   D. 企洪病颖

成语收藏夹

道不拾遗：遗，失物。路上有失物，无人拾取。形容社会风气淳朴良好。

  造句：道不拾遗是一种良好的社会风气。

别来无恙：别，分别。恙，疾病。分别以来一切都好，没有什么变故。

           多用作重新见面时的问候语。

  造句：老同学好久不见，别来无恙？

五人① 墓碑记

凡富贵之子，慷慨得志之徒，其疾病而死，死而湮没不足道者，亦已众矣。况草野之无闻者欤！独五人之皦皦②，何也？

——张 溥③

注释

❶五人：明熹宗时吏部郎中周顺昌因得罪宦官魏忠贤而下狱，死在狱中。此事激起苏州市民暴动，五人即为暴动市民代表，被魏忠贤的爪牙杀害。❷皦皦：明亮的样子。❸张溥：字天如，号西铭，明末改良派文人集团"复社"的创始人和领导人之一，著有《七录斋集》。

译文

凡是那些富贵人家的子弟和志得意满的人，他们因为疾病而死去，死后默默无闻的，也有很多。何况那些生活在草野之中没有名气的人呢！唯独这五个人死后声名却如日中天，这是什么原因呢？

拾趣

明代文学家张溥从小就喜欢学习，把书读完之后，还要亲手把这些书抄一遍，抄完后再朗诵一遍，把所抄的烧掉再抄，像这样反复六七次才罢休。由于这样勤奋，他的手指和手掌都长出了茧。冬天，他的皮肤因受冻而开裂，每天要用热水浸好几次。张溥作诗和写文章速度很快，在当时很受推崇。

链接

墓志铭是一种悼念性的文体。墓志铭一般由"志"和"铭"两部分组成。"志"多用散文撰写，叙述逝者的姓名、籍贯、生平事迹；"铭"则用韵文概括全篇，主要是对逝者一生进行评价。写墓志铭时，要求叙事简洁，有概括性和独创性。

沧浪亭记

cāng làng tíng jì

昔吴越^①有国时，广陵王^②镇吴中，治南园于子城之西南，其外戚孙承祐，亦治园于其偏。迨^③淮海纳土^④，此园不废。苏子美^⑤始建沧浪亭，最后禅者居之，此沧浪亭为大云庵也。有庵以来二百年，文瑛寻古遗事，复子美之构于荒残灭没之余，此大云庵为沧浪亭也。

——归有光

注释

❶ 吴越：五代时期的割据政权之一，由钱镠建立。❷ 广陵王：钱元璙，钱镠的儿子，封广陵郡王。❸ 迨：等到。❹ 淮海纳土：指吴越国降宋，献出淮海一带的土地。❺ 苏子美：指苏舜钦，字子美，北宋文学家。

译文

从前，在吴越建立国家的时候，广陵王镇守在吴中，他在内城的西南边修建了一个园子，他的外戚孙承祐又在这个园子的旁边修了另一个园子。等到吴越降宋，这个园子仍没有荒废。一开始苏子美在园中造了沧浪亭，后来人们又在沧浪亭的遗址上修建了大云庵，里面住着和尚。这是从沧浪亭到大云庵的演变过程。大云庵到现在已经有二百年的历史了。文瑛寻访亭子的遗迹，又在废墟上按之前的样子修复了沧浪亭。这就是从大云庵到沧浪亭的演变过程。

诗词

沧浪亭

〔宋〕欧阳修

子美寄我沧浪吟，邀我共作沧浪篇。

沧浪有景不可到，使我东望心悠然。

荒湾野水气象古，高林翠阜相回环。

新篁抽笋添夏影，老蘖乱发争春妍。

水禽闲暇事高格，山鸟日夕相呼喧。

不知此地几兴废，仰视乔木皆苍烟。

堪嗟人迹到不远，虽有来路曾无缘。

穷奇极怪谁似子，搜索幽隐探神仙。

初寻一径入蒙密，豁目异境无穷边。

风高月白最宜夜，一片莹净铺琼田。

清光不辨水与月，但见空碧涵漪涟。

清风明月本无价，可惜祗卖四万钱。

又疑此境天乞与，壮士憔悴天应怜。

鸱夷古亦有独往，江湖波涛渺翻天。

崎岖世路欲脱去，反以身试蛟龙渊。

岂如扁舟任飘兀，红蕖渌浪摇醉眠。

丈夫身在岂长弃，新诗美酒聊穷年。

虽然不许俗客到，莫惜佳句人间传。

送东阳[①]马生[②]序[③]

余幼时即嗜学。家贫，无从致[④]书以观，每假借[⑤]于藏书之家，手自笔录，计日以还。天大寒，砚冰坚，手指不可屈伸，弗之怠。录毕，走送之，不敢稍逾约。以是人多以书假余，余因得遍观群书。既加冠[⑥]，益慕圣贤之道。又患无硕师[⑦]名人与游，尝趋[⑧]百里外，从乡之先达执经叩问。

——宋　濂[⑨]

译文

我小时候就很爱学习。因为家里贫穷，没有能力得到书来看，只能向藏书的人家求借，再自己抄录，约定送还日期。到了天气严寒的时候，砚池中的水结成了坚冰，手指不能屈伸，我仍不停止抄录。抄写完后，马上送还给人家，不敢稍稍超过约定的期限。因此大家大都愿意把书借给我，我由此可以看各种各样的书。到了成年之后，我更加仰慕圣贤的学说，又苦于不能与学识渊博的老师和名人交往，曾经跑到百里之外，手拿着经书向同乡前辈求教。

链接

宋濂很爱读书，遇到不懂的地方总要刨根问底。有一天，宋濂为了搞清楚一个问题，冒雪行走数十里，去请教一位已经不收学生的老师。但一连几次拜访，老师都不在家。宋濂没有放弃，几天后再次拜访，可老师并不愿接见他。

过了一段时间，宋濂又去拜访这位老师，结果在路上掉进了雪坑，身上的衣服都被雪水浸湿了。即使这样，他也依然在老师门前等候。终于，老师被他的诚心所打动，让他进门并耐心地解答了问题。后来，宋濂为了探求更多学问，不畏艰辛困苦拜访了很多老师，最终成为闻名退迩的大学问家。

伶官传序①

方②其③系燕父子以组④，函⑤梁君臣之首，入于太庙，还矢先王，而告以成功，其意气之盛，可谓壮哉！及仇雠⑥已灭，天下已定，一夫夜呼，乱者四应，仓皇东出，未及见贼而士卒离散，君臣相顾，不知所归，至于誓天断发⑦，泣下沾襟，何其衰也！岂得之难而失之易欤？抑⑧本⑨其成败之迹，而皆自于人欤？

——欧阳修⑩

与"仇"同义，仇敌。❼**断发**：把发髻割下扔在地上，表示甘愿掉脑袋。❽**抑**：还是。❾**本**：探求，考察。❿**欧阳修**：字永叔，号醉翁、六一居士。北宋政治家、文学家，"唐宋八大家"之一。

译文

那时庄宗用绳子捆绑了燕王父子，用木匣装着梁国君臣的首级，走进太庙，将箭还给先王，又向先王禀告了功绩，他当时意气骄盛，多么雄壮啊！等到仇敌都消灭了，天下平定之时，一个人在夜间呼喊，作乱的人就四方响应，他慌慌张张地向东出逃，还没看到叛军，士卒就逃散了，君臣互相看着，不知回到哪里去。以至于大家对天发誓，割去头发，泪水沾湿了衣襟，这是多么衰颓啊！难道是因为得天下艰难而失天下容易吗？还是说探究他成功与失败的事迹，都是因为人事呢？

访古

太 庙

太庙在夏朝时被称为"世室"，在殷商时被称为"重屋"，在周朝时被称为"明堂"，秦汉时起称为"太庙"。太庙祭祖是从夏朝开始的。最早太庙只是供奉皇帝先祖的地方。后来，皇后和功臣的牌位在皇帝的批准下也可以被供奉在太庙。

芜城赋

迤迤①平原，南驰苍梧涨海②，北走紫塞③雁门。柂以漕渠，轴以昆岗。重关复江之奥④，四会五达之庄。当昔全盛之时，车挂轊⑤，人驾肩；廛⑥闬⑦扑地⑧，歌吹⑨沸天。观基扃之固护，将万祀而一君。出入三代，五百余载，竟瓜剖而豆分。天道如何？吞恨者多。抽⑩琴命操⑪，为芜城之歌。歌曰：边风急兮城上寒，井径灭兮丘陇残。千龄兮万代，共尽兮何言！

——鲍　照⑫

注释

❶泜迤：地势平旷延伸的样子。❷涨海：南海。❸紫塞：指长城。❹奥：通"隩"，隐蔽深邃之地。❺轊：车轴的顶端。❻廛：市民居住的区域。❼闬：闬，里门。❽扑地：遍地。❾歌吹：歌唱及吹奏。❿抽：取。⓫命操：谱曲。⓬鲍照：南朝宋时杰出的文学家、诗人。

译文

　　地势辽阔平坦的广陵郡，向南通往苍梧、南海，向北趋往长城雁门关。漕河在前边萦绕，昆岗横贯其下。周围江河城关层层叠叠，地处四通八达的要冲之处。当年吴王刘濞在此建都，全盛时期的街市上，车轴互相碰撞，行人摩肩，里坊密布，歌声、吹奏之声喧嚣沸天。看到修筑得如此牢固的城池，总以为会保存万年，永远属于一家之姓，哪知才经历三代，就五百多年，竟然像瓜之剖、豆之分一样崩裂毁坏了。天运难以预料，世上抱恨者何其多！取下瑶琴，谱一首曲，作一支芜城之歌。歌词说：广陵的边风吹得急啊城上冰冷寒凉，田间的小路灭啊荒墓尽摧残，千秋啊万代，人们同归于死啊还有什么可说！

诗词

芜 城

[唐] 李　端

昔人登此地，丘陇已前悲。

今日又非昔，春风能几时。

风吹城上树，草没城边路。

城里月明时，精灵自来去。

甲骨文

甲骨文，是我国的一种古老文字，主要指商代后期王室贵族用于占卜记事而刻在龟甲和兽骨上的文字。它是我国已发现的古代文字中时代最早、体系较为完整的文字。

商代统治者非常迷信，大小事情都要占卜，如天会不会下雨、农作物是不是会有好收成、打仗能不能胜利、应该对哪些鬼神进行哪些祭祀，包括生育、疾病、做梦等事都要进行占卜，为的是了解鬼神的意志和事情的吉凶。

占卜时，从事占卜的人在甲骨的背面钻出一些小坑，这叫作"卜"，然后在这些小坑上加热使甲骨表面产生裂痕，这种裂痕叫作"兆"。然后，卜官再根据兆的各种形状来判断事情的吉凶。

除占卜的刻辞外，甲骨文中还有少数的记事刻辞，涉及当时的天文、历法、气象、地理、方国、世系、家族、人物、职官、征伐、刑狱、农业、畜牧、田猎、交通、宗教、祭祀、疾病、生育、灾祸等内容。

由于甲骨文是用刀刻成的，而刀有锐有钝，骨质有细有粗、有硬有软，所以刻出的笔画粗细不一，形体错综变化，但甲骨文已具有对称、稳定的格局，孕育着书法艺术的美。

文苑小憩

古文游戏

下列甲骨文字你能认出几个？试着写出相对应的楷书字形。

1. ( )   2. ( )   3. ( )

4. ( )   5. ( )   6. ( )

7. ( )   8. ( )   9. ( )

10. ( )   11. ( )   12. ( )

13. ( )   14. ( )   15. ( )

成语收藏夹

面面相觑：觑，看。相互看着。形容不知如何是好的样子。后用以形容惊恐、紧张、尴尬或束手无策的样子。

　造句：我和他面面相觑，不知道该怎么办。

同归于尽：归，趋向，走向。尽，死亡或灭亡。指一同走向死亡或毁灭。

　造句：勇士们抱着和敌人同归于尽的决心，冲入了敌营。

兰亭① 集序

此地有崇山峻岭，茂林修竹，又有清流激湍，映带左右，引以为流觞曲水②，列坐其次③，虽无丝竹管弦之盛，一觞一咏，亦足以畅叙幽情。

——王羲之④

注释

❶ **兰亭**：地名，在今浙江绍兴西南。 ❷ **流觞曲水**：用漆制的酒杯盛酒，放入弯曲的水道中任其漂流，杯停在某人面前，某人就取杯饮酒。这是古人一种劝酒取乐的方式。 ❸ **次**：旁边，水边。 ❹ **王羲之**：字逸少，东晋世家琅玡王氏家族子弟。世称"王右军"。东晋文学家、书法家，所书《兰亭集序》被誉为"天下第一行书"。

译文

兰亭这个地方有高峻的山岭、修长茂盛的树林和竹丛，又有清澈激荡的水流，辉映环绕在亭子的左右。我们把水引来，作为漂流酒杯的曲折水道，依次坐在曲水旁边，虽然没有管弦齐奏的盛况，但喝着酒作着诗，也足以令人畅叙内心情怀。

拾趣

王羲之是东晋著名的大书法家，被人们誉为"书圣"。绍兴市有一个墨池，传说就是当年王羲之洗笔的地方。

　　王羲之七岁练习书法，他勤奋好学，练字专心致志，废寝忘食。吃饭走路也在揣摩字的结构，不断用手在身上默写，时间久了，连衣襟也磨破了。他十七岁时把父亲秘藏的书法论著偷来阅读，看熟了就练着写，不分白天黑夜，写完了许多墨水，写烂了无数笔头。他每天练完字就在池中洗笔，时间一长，池水都成了墨色。

醉翁亭记
zuì wēng tíng jì

若夫日出而林霏①开，云归而岩穴暝②，晦明③变化者，山间之朝暮也。野芳④发⑤而幽香，佳木秀而繁阴，风霜高洁，水落而石出者，山间之四时也。朝而往，暮而归，四时之景不同，而乐亦无穷也。

——欧阳修

注释

❶林霏：树林中的雾气。霏，指雾气。❷暝：昏暗。❸晦明：指天气阴晴明暗。❹芳：花。❺发：开放。

译文

到了太阳升起的时候，山林里的雾气散了；烟云聚拢来，山谷就显得昏暗了；早晨由暗到明，黄昏时由明到暗，或暗或明，变化不一，这就是山中的清晨和黄昏。野花开了，散发清幽的香味；好的树木枝繁叶茂，形成浓密的绿荫；风高霜洁，水落石出，这就是山中的四季。清晨前往，黄昏归来，四季的景象不同，乐趣也是无穷无尽的。

拾趣

欧阳修是家里的独子，与母亲两个人相依为命。欧阳修从小喜爱读书，常从别人家里借书抄读。他天资聪颖，又刻苦勤奋，往往书还没抄完就能背诵。少年时，他的文笔就非常老练了。

后来，北宋文学家孙觉认识了欧阳修，还向他请教写文章的事。欧阳修说："没有别的方法，只有勤奋读书并经常写文章，才会有长进；但是世上一般人的毛病是练笔很少，还懒于读书，而且写出一篇文章，就想马上超过别人，这样很难成功。文章的缺点也用不着别人指出来，自己多练笔就能发现了。"

归田赋
guī tián fù

于是仲春令月①，时和气清。原②隰③
郁茂，百草滋荣。王雎④鼓翼，鸧鹒⑤哀
鸣，交颈颉颃⑥，关关嘤嘤。于焉⑦逍遥，
聊以娱情。

尔乃⑧龙吟方泽⑨，虎啸山丘。仰飞纤
缴⑩，俯钓长流。触矢而毙，贪饵吞钩。
落云间之逸禽⑪，悬渊沈⑫之沙留⑬。

——张　衡⑭

注释

❶ 令月：美好的月份。❷ 原：宽阔平坦之地。❸ 隰：低湿之地。
❹ 王雎：鱼鹰。❺ 鸧鹒：黄莺。❻ 颉颃：鸟飞上飞下的样子。❼ 于焉：
于是乎。❽ 尔乃：于是。❾ 方泽：大泽。❿ 纤缴：指箭。纤，细。缴，
射鸟时系在箭上的丝绳。⓫ 逸禽：云间高飞的鸟。⓬ 沈：同"沉"。
⓭ 沙留：一种小鱼，常伏在水底沙上。⓮ 张衡：东汉时期伟大的天文
学家、数学家、文学家，有《二京赋》《归田赋》等作品。

译文

　　正是美好的仲春时节，气候温和，天气晴朗。高原与低地的树木繁茂青葱，杂草滋长。鱼鹰展翼低飞，黄莺婉转歌唱。河面鸳鸯交颈，空中群鸟争鸣，美妙动听。逍遥在这原野的春光之中，让我心情欢畅。

　　于是我就在大水泽旁吟唱如龙鸣，在小丘上吟诗如虎啸，向云间射去箭矢，往河里撒下钓丝。飞鸟被射中毙命，鱼儿贪吃上钩，天上落下了鸿雁，水中钓起了游鱼。

链接

　　仲春是指春季的第二个月，即农历二月。

岳阳楼记（节选二）

至若春和景①明，波澜不惊，上下天光，一碧万顷，沙鸥翔集②，锦鳞③游泳④，岸芷汀兰⑤，郁郁⑥青青。而或⑦长⑧烟一空⑨，皓月千里，浮光跃金，静影沉璧，渔歌互答，此乐何极⑩！登斯楼也，则有心旷神怡，宠辱偕忘，把酒临风，其喜洋洋者矣。

——范仲淹

注释

❶景：日光。❷翔集：时而飞翔，时而停歇。集，栖止，鸟停息在树上。❸锦鳞：指美丽的鱼。鳞，代指鱼。❹游泳：或浮或沉。游，贴着水面游。泳，潜入水里游。❺岸芷汀兰：岸上与小洲上的花草。芷，香草的一种。汀，小洲，水边平地。❻郁郁：形容草木茂盛。❼或：有时。❽长：大片。❾空：全部消散。❿何极：哪有穷尽。

译文

　　至于春风和煦、阳光明媚的时候，湖面没有兴起浪涛，天色湖光相连，一片广阔碧绿。沙洲上的鸟，时而飞翔，时而停歇，美丽的鱼游来游去，岸上的香草和小洲上的兰花青翠茂盛。有时大片烟云完全消散，皎洁的月光一泻千里，波动着闪着金色的光，静止的月影像沉入水中的玉璧，渔夫唱着歌互相应答，这样的乐趣真是无穷尽啊！这时登上这座楼，就会心胸开阔、心情愉悦，光荣和屈辱一起忘了，端着酒杯，吹着微风，那真是快乐极了。

诵读

　　这篇《岳阳楼记》的节选，描绘了从岳阳楼上欣赏洞庭湖时所能见到的美丽景色。句式以四字为主，在朗读时，应注意停顿，带着高昂、赞美的语气，仿佛自己置身于其中，表现出"喜洋洋"的心情。

春夜宴桃李园序

夫天地者，万物之逆旅①；光阴者，百代之过客。而浮生若梦，为欢几何？古人秉烛夜游，良有以②也。况阳春召我以烟景，大块③假④我以文章⑤。会桃李之芳园，序⑥天伦之乐事。群季俊秀，皆为惠连⑦，吾人咏歌，独惭康乐⑧。幽赏未已，高谈转清。开琼筵⑨以坐花⑩，飞羽觞⑪而醉月。

——李　白⑫

注释

❶逆旅：旅舍。逆，迎接。旅，客。❷有以：有原因。❸大块：大地，大自然。❹假：借，这里是提供、赐予的意思。❺文章：这里指绚丽的文采。❻序：通"叙"，叙说。❼惠连：指谢惠连，南朝文学家，与谢灵运并称"大小谢"。❽康乐：指谢灵运，袭封康乐侯。❾琼筵：华美的宴席。❿坐花：坐在花丛中。⓫羽觞：古代一种酒器，像鸟雀

的形状，有头尾羽翼。⓬ **李白**：字太白，号青莲居士。唐朝诗人，世称"诗仙"。

译文

　　天地是万物的旅馆，时间是古往今来的过客。而漂浮不定的人生像梦幻一样，得到的欢乐又有多少呢？所以古人点亮灯烛在夜里游玩，实在是有道理的。况且和煦的春光召唤着我们，大自然又给我们以诗意和灵感。相聚在飘香的桃花园中，畅叙天伦乐事。诸位贤弟们都俊朗优秀，个个都有谢惠连那样的才情，而我作诗吟咏，却惭愧比不上谢灵运。清雅的赏玩未曾停下，高谈阔论又转向清言雅语。摆开筵席坐赏名花，传杯弄盏，醉倒在月光下。

诗词

将进酒

[唐] 李　白

君不见，黄河之水天上来，奔流到海不复回。

君不见，高堂明镜悲白发，朝如青丝暮成雪。

人生得意须尽欢，莫使金樽空对月。

天生我材必有用，千金散尽还复来。

烹羊宰牛且为乐，会须一饮三百杯。

岑夫子，丹丘生，将进酒，杯莫停。

与君歌一曲，请君为我倾耳听。

钟鼓馔玉不足贵，但愿长醉不复醒。

古来圣贤皆寂寞，唯有饮者留其名。

陈王昔时宴平乐，斗酒十千恣欢谑。

主人何为言少钱，径须沽取对君酌。

五花马、千金裘，呼儿将出换美酒，与尔同销万古愁。

金　文

在商代，除甲骨文外，还有一种重要的文字形式——金文。古代的人把铜称为"金"，所以刻在青铜器上的文字也被称为"金文"。

钟与鼎是古代青铜器中最重要的礼器，刻在钟鼎上的字数也最多，所以金文又被称作"钟鼎文"。除了钟、鼎这两种礼器外，其他如食器、酒器、水器、洗器、乐器、兵器、量器、车马器等，也都刻有文字。

金文

后母戊鼎

青铜器上的文字，所记载的内容大多是颂扬祖先以及王侯的功绩，同时也记录重大的历史事件。

商代青铜器上金文的字数较少，一般只记载制作器物者的名字、族氏和祭祀对象等，如迄今为止出土的最大的青铜器后母戊鼎，腹内壁仅有"后母戊"三个字。

到了西周时期，金文得到了高度的发展，一方面字形逐渐整齐，二是所刻文字数逐渐增多，如西周早期康王时大盂鼎内壁的文字数多达近三百字，并且还开创了横竖均整齐排列的先例。

文苑小憩

古文游戏

下面是著名书画家黄宾虹用金文写成的对联作品，你能读出来吗？

田舍乐桑麻。

山林熟鱼鸟，

醉题卷石当矛山。

耦种野花成小圃，

雕栏夜静月移花。

存綍晨兴星在树，

提示

145

得道多助，失道寡助

dé dào duō zhù　　shī dào guǎ zhù

天时^①不如地利^②，地利不如人和^③。

三里之城，七里之郭^④，环而攻之而不胜。夫环而攻之，必有得天时者矣，然而不胜者，是^⑤天时不如地利也。城非不高也，池非不深也，兵革非不坚利也，米粟^⑥非不多也，委^⑦而^⑧去之，是地利不如人和也。

——《孟子》

注释

❶**天时**：指有利于攻战的自然气候条件。❷**地利**：指有利于作战的地形。❸**人和**：指得人心，上下团结。❹**郭**：外城。在城外加筑的一道城墙。❺**是**：这。❻**米粟**：粮食。❼**委**：抛弃。❽**而**：然后。

译文

　　利于作战的天气时令，比不上利于作战的地理形势；利于作战的地理形势，比不上作战时的人心团结。一座方圆三里的小城，有方圆七里的外城，从四面包围起来攻打它，也无法取胜。采用这样的方式攻城，一定是在有利于作战的天气时令了，可是不能取胜，这是因为有利于作战的天气时令比不上有利于作战的地理形势啊。不是因为城墙不高，护城河不深，武器装备也并不是不精良，粮食供给也并不是不充足，但是，守城的人还是弃城而逃，这是因为作战的地理形势再好，也比不上人心所向。

访古

古代的城池

城池在古代又被称为城郭，指城墙和护城河，也可以泛指城市，是古代重要的军事防御建筑。中国早期的城墙，绝大多数是土筑，到了明代以后，各地的城墙才开始大规模包砖。为了安全起见，还在高大厚实的城墙外，人工挖掘与城墙平行的宽深壕堑，还引注河水，成为护城河。

破釜沉舟

项羽已杀卿子冠军[1]，威震楚国，名闻诸侯。乃遣当阳君[2]、蒲将军[3]将卒二万渡河，救钜鹿[4]。战少利，陈余[5]复请兵。项羽乃悉[6]引兵渡河，皆沈船[7]，破釜甑[8]，烧庐舍，持三日粮，以示士卒必死，无一还心。于是至则围王离[9]，与秦军遇，九战，绝其甬道[10]，大破之，杀苏角[11]，虏王离。

——司马迁

注释

❶ 卿子冠军：宋义，原为楚国令尹，后为楚怀王熊心的大将军。❷ 当阳君：项羽大将英布。❸ 蒲将军：项羽大将，名字不详。❹ 钜鹿：秦代县名，在今河北省邢台市一带。❺ 陈余：当时和项羽一起带兵抗秦的赵国将领。❻ 悉：全部。❼ 沈船：沉船。沈，同"沉"。❽ 釜甑：釜和甑都是古代做饭用的器具，相当于现在的锅和蒸笼。❾ 王离：秦朝大将。❿ 甬道：指楼房之间有棚顶的通道。⓫ 苏角：秦朝将领。

译文

项羽杀了卿子冠军宋义后，威名震惊楚国，名气在诸侯之间传扬。他派遣当阳君、蒲将军率领两万士兵渡过漳河，援救钜鹿。战争只取得了一些小的胜利，陈余又来请求增援。项羽就率领全部军队渡过漳河，他命令士兵把船只弄沉，把锅具砸破，把军营烧毁，只带上三天的干粮，以此向士兵表示一定要决死战斗，不能有退还之心。因此一到达前线，就包围了王离的军队，随后与秦军相遇，经过多次交战，项羽的部队断绝了秦军所筑的甬道，大败秦军，杀了秦将苏角，俘虏了王离。

访古

釜

釜是古人用来放在炉灶上煮食物的器具，圆底，下面无足，使用时需要其他物体支撑，可以直接用来煮、炖、煎、炒等，是现在所使用的锅的前身。釜的构造比起三足鼎、鬲更能集中火力，节省时间和燃料，因此逐渐取代鼎、鬲成为古人的主要炊器。

吊古战场文

吾闻夫齐、魏徭戍，荆①韩召募。万里奔走，连年暴露。沙草晨牧，河冰夜渡。地阔天长，不知归路。寄身锋刃，膴臆②谁诉？秦、汉而还，多事四夷，中州耗斁③，无世无之。古称戎④、夏⑤，不抗王师⑥。文教⑦失宣，武臣用奇⑧。奇兵⑨有异于仁义，王道⑩迂阔⑪而莫为。呜呼噫嘻！

——李华⑫

译文

　　我听说战国时期，齐魏征集服役的壮丁，楚韩招募备战的兵员。士兵们在万里边疆奔走，年年暴露在外。早晨寻找沙漠中的水草放牧，夜晚涉过结冰的河流。天长地远，不知哪里是归家的路。性命寄于刀枪之间，心情苦闷向谁倾诉？自秦汉以来，边境四方战争频繁，中原地区的损失破坏，时有发生。古人说，不论戎夷还是华夏都不抗拒朝廷的仁义之师。后来不再宣扬礼乐教化，武将们就用奇兵诡计。阴谋诡计不符合仁义道德，王道被认为是迂腐不合时宜。唉！可叹啊！

访古

四　夷

　　四夷是古代对四方少数民族的统称，即东夷、南蛮、北狄和西戎的合称。《后汉书》记载："凡蛮、夷、戎、狄总名四夷者，犹公、侯、伯、子、男皆号诸侯云。"后来也指外族、外国。

曹刿①论战

公②与之乘。战于长勺③。公将鼓④之，刿曰："未可。"齐人三鼓。刿曰："可矣。"齐师败绩。公将驰⑤之。刿曰："未可。"下视其辙⑥，登轼⑦而望之，曰："可矣。"遂逐齐师。

既克，公问其故。对曰："夫战，勇气也。一鼓作气。再而衰，三而竭。彼竭我盈⑧，故克之。夫大国，难测也，惧有伏焉。吾视其辙乱，望其旗靡，故逐之。"

——左丘明

注释

❶ **曹刿**：春秋时期鲁国大夫，著名军事家。❷ **公**：指鲁庄公。❸ **长勺**：鲁国地名，在今山东曲阜市北。❹ **鼓**：作动词，击鼓进军。❺ **驰**：驱车追赶。❻ **辙**：车轮滚过地面留下的痕迹。❼ **轼**：古代战车前边的横木，供乘车人扶手用。❽ **盈**：充沛，旺盛。

译文

　　鲁庄公和曹刿乘坐同一辆战车，在长勺和齐军作战。刚开始，鲁庄公就要击鼓进军。曹刿说："还不行。"齐军击鼓三次后，曹刿说："可以击鼓进军了。"齐军大败。鲁庄公要下令驱车追击齐军，曹刿说："还不行。"曹刿下车看了看地上齐军战车留下的车痕，又登上车前的横木远望齐军撤退的情况，说："可以追击了。"于是追击齐军。

战胜以后，鲁庄公问取胜的原因。曹刿回答说："打仗是靠勇气的，第一次击鼓，能够振作士气；第二次击鼓，士气就减弱了；第三次击鼓后士气就消耗完了。他们的士气已经完了，我们的士气正旺盛，所以战胜了他们。但大国难以捉摸，恐怕有埋伏，我看到他们战车的车轮痕迹很乱，他们的军旗也已经倒下了，所以才下令追击他们。"

访古

战 鼓

战鼓是古代作战时为鼓舞士气所击的鼓，它在古代军事活动中有三种作用，一是报时，二是警示立即进入战斗状态，三是鼓舞士气。古代部队驻扎时和行军时都要击战鼓。

子鱼①论战

公②曰："君子不重③伤，不禽④二毛⑤。古之为军也，不以阻⑥隘⑦也。寡人虽亡国之余，不鼓不成列。"子鱼曰："君未知战。勍敌⑧之人，隘而不列，天赞⑨我也；阻而鼓之，不亦可乎？犹有惧焉。且今之勍者，皆吾敌也。虽及胡耉者⑩，获则取之，何有于二毛？明耻⑪，教战，求杀敌也。伤未及死，如何勿重？若爱重伤⑫，则如勿伤，爱其二毛，则如服⑬焉。三军⑭以利用也，金鼓以声气也。利而用之，阻隘可也；声盛致志，鼓儳⑮可也。"

——左丘明

注释

❶ **子鱼**：宋襄公同父异母兄，子姓，名目夷，字子鱼。时为大司马，掌管军队。❷ **公**：指宋襄公。❸ **重**：再次。❹ **禽**：通"擒"，俘虏。❺ **二毛**：头发斑白的人，指代老人。❻ **阻**：逼迫。❼ **隘**：这里作动词，处在险隘之地。❽ **勍敌**：强敌，劲敌。勍，强而有力。❾ **赞**：助。❿ **胡耉**：年纪很大的人。胡，年老。⓫ **明耻**：使人认识什么是耻辱。

⓬ **爱重伤**：怜悯受伤的敌人。⓭ **服**：对敌人屈服。⓮ **三军**：春秋时，诸侯大国有三军，即上军、中军、下军。这里泛指军队。⓯ **儳**：不整齐，此处指不成阵势的军队。

译文

宋襄公说："君子不会伤害已经受伤的人，不俘虏头发斑白的老人。古人行军打仗，不以险隘的地形阻击敌人。我虽然是亡国者的后代，也不攻击没有摆开阵势的敌人。"子鱼说："您不懂得作战。面对强大的敌人，因地势险阻而未成阵势，这是上天在帮助我们啊！凭借险阻进攻敌人，怎么不可以呢？甚至还怕打不赢呢。而且现在强大的，都是敌人。即使是年纪很大的人，俘虏了就抓回来，还管什么头发斑白的敌人？教导士兵作战，让他们知道退缩是耻辱，以鼓舞战斗的勇气。教他们掌握战斗的方法，就是为了杀死敌人。受伤了，为什么不能再杀伤他们？如果怜惜他们，不愿去伤害受伤的敌人，还不如一开始就不伤害他们；怜惜头发斑白的敌人，不如对敌人屈服。军队应该凭借有利的时机行动，锣鼓用来鼓舞士气。抓住有利的时机出击，当敌人遇到险阻，我们可以进攻；鼓声大作鼓舞士气，攻击没有摆开阵势的敌人也是可以的。"

链接

说到兵法就不得不提《孙子兵法》，它是我国现存最早的一部兵书。孙武通过对前人兵学成就的继承，再加上自己军事实践经验的总结，写成了《孙子兵法》。

书中对"计""作战""谋攻""行军""地形""火攻"等方面的问题进行了论述，还提出了许多战略上的命题，如"先胜而后求战""知彼知己百战不殆""攻其无备，出其不意""避实而击虚"等，至今仍具有科学价值和指导意义。《孙子兵法》也因此被后世奉为兵家经典。

篆 文

篆文是大篆和小篆的合称。大篆也被称作"籀（zhòu）文"，是周代晚期使用的文字。

小篆是由大篆演变而来的一种字体，产生于战国后期的秦国，所以小篆也称为"秦篆"。

秦统一前，各诸侯国长期分裂割据，形成了"语言异声，文字异形"的局面。秦始皇一直希望可以用一种文字来取代通行于各国的异体字，他把这个任务交给了丞相李斯。李斯将大篆进行了修改，整理出一套笔画简单、形体整齐的文字，并把它称作秦篆。秦始皇看了这些新字体后，非常满意，于是就把它定为标准字体，通令在全国使用。

小篆一直流行到西汉末年，才逐渐被隶书所取代。但因为其笔画复杂，形式奇古，在后代的印章刻制上，尤其是需要防伪的官方印章，一直都采用篆书字体。又因其字体优美，一直为历代书画艺术家所青睐。

文苑小憩

古文游戏

下面是几幅篆书书法作品，你知道写的是什么吗？